中国国情调研丛书
乡镇卷
China's national conditions survey Series
Vol. Towns

中国国情调研丛书·乡镇卷
China's national conditions survey Series · Vol.Towns

主　编　裴长洪　刘树成　吴太昌
副主编　周　济

大城市周边现代农业与农村经济组织发育

——天津市蓟县出头岭镇经济发展调查

The Development of Modern Agriculture and Rural Economic Organizations around Big Cities: Survey of Chu-tou-ling Town in Ji-County of Tianjin Municipality

杨新铭　著

中国社会科学出版社

图书在版编目(CIP)数据

大城市周边现代农业与农村经济组织发育：天津市蓟县出头岭镇经济发展调查／杨新铭著．—北京：中国社会科学出版社，2015.7

ISBN 978-7-5161-6556-0

Ⅰ.①大…　Ⅱ.①杨…　Ⅲ.①农村经济—经济组织—研究—中国—现代　Ⅳ.①F325.1

中国版本图书馆 CIP 数据核字（2015）第 160030 号

出 版 人	赵剑英
责任编辑	冯春凤
责任校对	张爱华
责任印制	张雪娇
出　　版	中国社会科学出版社
社　　址	北京鼓楼西大街甲 158 号
邮　　编	100720
网　　址	http://www.csspw.cn
发 行 部	010-84083685
门 市 部	010-84029450
经　　销	新华书店及其他书店
印　　刷	北京君升印刷有限公司
装　　订	廊坊市广阳区广增装订厂
版　　次	2015 年 7 月第 1 版
印　　次	2015 年 7 月第 1 次印刷
开　　本	710×1000　1/16
印　　张	12.5
插　　页	2
字　　数	175 千字
定　　价	46.00 元

凡购买中国社会科学出版社图书，如有质量问题请与本社营销中心联系调换
电话：010-84083683
版权所有　侵权必究

中国国情调研丛书·企业卷·乡镇卷·村庄卷

总 序

陈 佳 贵

　　为了贯彻党中央的指示，充分发挥中国社会科学院思想库和智囊团作用，进一步推进理论创新，提高哲学社会科学研究水平，2006年中国社会科学院开始实施中国国情调研项目。

　　改革开放以来，尤其是经历了近30年的改革开放进程，我国已经进入了一个新的历史时期，我国的国情发生了很大变化。从经济国情角度看，伴随着市场化改革的深入和工业化进程的推进，我国经济实现了连续近30年的高速增长。我国已经具有庞大的经济总量，整体经济实力显著增强，到2006年，我国国内生产总值达到了209407亿元，约合2.67万亿美元，列世界第四位；我国经济结构也得到优化，产业结构不断升级，第一产业产值的比重从1978年的27.9%下降到2006年的11.8%，第三产业产值的比重从1978年的24.2%上升到2006年的39.5%。2006年，我国实际利用外资为630.21亿美元，列世界第四位，进出口总额达1.76亿美元，列世界第三位；我国人民生活水平不断改善，城市化水平不断提升。2006年，我国城镇居民家庭人均可支配收入从1978年的343.4元上升到11759元，恩格尔系数从57.5%下降到35.8%，农村居民家庭人均纯收入从1978年的133.6元上升到2006年的3587元，恩格尔系数从67.7%下降到43%，人口城市化率从1978年的17.92%上升到2006年的43.9%以上。经济的高速发展，必然引起国情的变化。我们的研究表明，我国的经济国情已经逐渐从一个农业经济大国转变为一个工业经济大国。但是，这只是从总体上对我国经济国情的分析判断，还缺少对我国经济国情变化分析的微观基础。这需要对我国基层单位进行详细的分析研究。实际上，深入基层进行调查研究，坚持理论与实际相结合，由此制定和执行正确的路线方针政策，是我们党领导革命、建设与改革的基本经验和基本工作方法。进行国情调研，也必须深入基层，只有深入基层，才能真正了解我国国情。

为此，中国社会科学院经济学部组织了针对我国企业、乡镇和村庄三类基层单位的国情调研活动。据国家统计局的最近一次普查，到2005年年底，我国有国营农场0.19万家，国有以及规模以上非国有工业企业27.18万家，建筑业企业5.88万家；乡政府1.66万个，镇政府1.89万个，村民委员会64.01万个。这些基层单位是我国社会经济的细胞，是我国经济运行和社会进步的基础。要真正了解我国国情，必须对这些基层单位的构成要素、体制结构、运行机制以及生存发展状况进行深入的调查研究。

在国情调研的具体组织方面，中国社会科学院经济学部组织的调研由我牵头，第一期安排了三个大的长期项目分别是"中国企业调研"、"中国乡镇调研"和"中国村庄调研"。"中国企业调研"由我和黄群慧同志具体负责，"中国乡镇调研"由刘树成同志和吴太昌同志具体负责，"中国村庄调研"由张晓山同志和蔡昉同志具体负责。第一期项目时间为三年（2006—2008），每个项目至少选择30个调研对象。经过一年多的调查研究，这些调研活动已经取得了初步成果，分别形成了《中国国情调研丛书·企业卷》、《中国国情调研丛书·乡镇卷》和《中国国情调研丛书·村庄卷》。今后这三个国情调研项目的调研成果，还会陆续收录到这三卷书中。我们期望，通过《中国国情调研丛书·企业卷》、《中国国情调研丛书·乡镇卷》和《中国国情调研丛书·村庄卷》这三卷书，能够在一定程度上反映和描述在21世纪初期工业化、市场化、国际化和信息化的背景下，我国企业、乡镇和村庄的发展变化。

国情调研是一个需要不断进行的过程，以后我们还会在第一期国情调研项目基础上将这三个国情调研项目滚动开展下去，全面持续地反映我国基层单位的发展变化，为国家的科学决策服务，为提高科研水平服务，为社会科学理论创新服务。《中国国情调研丛书·企业卷》、《中国国情调研丛书·乡镇卷》和《中国国情调研丛书·村庄卷》这三卷书也会在此基础上不断丰富和完善。

2007年9月

中国国情调研丛书·乡镇卷
序　言

　　中国社会科学院在2006年正式启动了中国国情调研项目。该项目为期3年，将于2008年结束。经济学部负责该项目的调研分为企业、乡镇和村庄3个部分，经济研究所负责具体组织其中乡镇调研的任务，经济学部中的各个研究所都有参与。乡镇调研计划在全国范围内选择30个乡镇进行，每年10个，在3年内全部完成。

　　乡镇作为我国最基层的政府机构和行政区划，在我国社会经济发展中，特别是在城镇化和社会主义新农村建设中起着非常重要的作用，担负着艰巨的任务。通过个案调查，解剖麻雀，管窥蠡测，能够真正掌握乡镇层次的真实情况。乡镇调研可为党和政府在新的历史阶段贯彻城乡统筹发展，实施工业反哺农业、城市支持乡村，建设社会主义新农村提供详细具体的情况和建设性意见，同时达到培养人才，锻炼队伍，推进理论创新和对国情的认识，提高科研人员理论联系实际能力和实事求是学风之目的。我们组织科研力量，经过反复讨论，制定了乡镇调研提纲。在调研提纲中，规定了必须调查的内容和自选调查的内容。必须调查的内容主要有乡镇基本经济发展情况、政府职能变化情况、社会和治安情况三大部分。自选调查内容主要是指根据课题研究需要和客观条件可能进行的各类专题调查。同时，调研提纲还附录了基本统计表。每个调研课题可以参照各自调研对象的具体情况，尽可能多地完成和满足统计表所规定的要求。

　　每个调研的乡镇为一个课题组。对于乡镇调研对象的选择，我们没有特别指定地点。最终确定的调研对象完全是由课题组自己决定的。现在看来，由课题组自行选取调研对象好处很多。第一，所调研的乡镇大都是自己工作或生活过的地方，有的还是自己的家乡。这无形之中节约了人力和财力，降低了调研成本。同时又能够在规定的期限之内，用最经济的支出，完成所担负的任务。第二，在自己熟悉的地方调研，能够很快地深入下去，同当地的父老乡亲打成一片、融为一体。通过相互间无拘束和无顾忌的交流，能够较快地获得真实的第一手材料，为最终调研成果的形成打下良好的基础。第三，便于同当地的有关部门、有关机构和有关人员加强联系，建立互惠共赢的合作关系。还可以在他们的支持和协助下，利用双方各自的优势，共同开展对当地社会经济发展状况的研究。

第一批的乡镇调研活动已经结束，第二批和第三批的调研将如期进行。在第一批乡镇调研成果即将付梓之际，我们要感谢经济学部和院科研局的具体安排落实。同时感谢调研当地的干部和群众，没有他们的鼎力支持和坦诚相助，要想在较短时间内又好又快地完成调研任务几乎没有可能。最后要感谢中国社会科学出版社的领导和编辑人员，没有他们高效和辛勤的劳动，我们所完成的乡镇调研成果就很难在最短的时间内以飨读者。

目　　录

第一章　出头岭镇基本情况 …………………………（1）
　　一　建制沿革 ………………………………………（1）
　　二　地理位置 ………………………………………（2）
　　三　自然条件 ………………………………………（2）
　　四　辖区状况与历史风貌 …………………………（3）
　　五　2012年经济社会发展基本情况 ………………（5）
　　六　出头岭镇大事记 ………………………………（8）
　　七　出头岭镇村之最 ………………………………（9）
第二章　家庭、人口与劳动力状况 …………………（13）
　第一节　家庭与人口概况 …………………………（13）
　　一　家户情况 ………………………………………（13）
　　二　人口及其流动情况 ……………………………（15）
　　三　人口年龄结构 …………………………………（17）
　　四　家庭结构状况 …………………………………（19）
　第二节　劳动力状况 ………………………………（22）
　　一　劳动力基本情况 ………………………………（23）
　　二　劳动力就业结构 ………………………………（26）
　　三　各村就业结构 …………………………………（29）
　第三节　人口与劳动力的演变趋势 ………………（34）
　　一　人口与家户变化趋势 …………………………（34）
　　二　劳动力与就业结构变化趋势 …………………（38）

第三章　三次产业发展 …………………………………（47）

第一节　三次产业结构发展状况 ……………………………（48）
  一　出头岭镇国民经济发展总体情况 ………………（48）
  二　第一产业及其结构 ………………………………（52）
  三　第二产业及其结构 ………………………………（54）
  四　第三产业及其结构 ………………………………（55）

第二节　第二产业发展与转型的典型案例 …………………（58）
  一　传统工业的发展 …………………………………（59）
  二　向第一产业延伸发展 ……………………………（68）
  三　进一步发展方向 …………………………………（71）

第三节　第三产业发展类型及其转型 ………………………（72）
  一　传统产业发展：依托第一产业打造商业街 ……（73）
  二　服务第一产业发展高端服务业 …………………（73）
  三　积极培育旅游产业 ………………………………（75）

第四章　第一产业：向现代农业转型 …………………………（80）

第一节　种植业与现代农业的发展 …………………………（80）
  一　种植业现状 ………………………………………（80）
  二　各类作物变化情况 ………………………………（87）
  三　绿色种植与设施农业 ……………………………（90）

第二节　林业与果品种植 ……………………………………（94）
  一　林业情况 …………………………………………（94）
  二　干鲜果品种植 ……………………………………（97）
  三　林业与干鲜果品种植的发展历程与趋势 ……（103）

第三节　畜牧业与渔业 ………………………………………（107）
  一　畜牧业总体情况 …………………………………（107）
  二　渔业总体情况 ……………………………………（110）
  三　畜牧业、渔业变化过程 …………………………（112）
  四　养殖业发展新趋势：生态养殖、规模养殖与
    科学养殖 …………………………………………（116）

第四节 农村经济主体的演变趋势 (122)
  一 农业经纪人的变化及其原因 (122)
  二 农业专业合作社：不同的命运 (127)
  三 积极发挥多元主体的作用，
    更好的发挥政府作用 (130)

第五章 居民生活与社会发展 (137)
第一节 人民生活与社会保障 (137)
  一 居民收入及其变化 (137)
  二 居民生活质量 (139)
  三 社会保障发展情况 (142)

第二节 社会发展情况 (147)
  一 科技、教育 (148)
  二 医疗卫生 (153)
  三 文化建设 (154)

第三节 基础设施建设情况 (157)
  一 生活基础设施 (157)
  二 生产基础设施：农田水利设施 (160)

第六章 基层政府运转情况 (165)
第一节 基层政府结构及其变化趋势 (165)
  一 镇政府情况 (165)
  二 各村村务情况 (170)

第二节 财政、金融状况 (173)
  一 财政收支状况 (173)
  二 金融状况 (175)
  三 各村经济状况 (176)

第三节 规划及其完成情况 (179)
  一 "十一五"规划完成情况 (179)
  二 "十二五"规划 (183)

第一章

出头岭镇基本情况

一 建制沿革

出头岭镇在清乾隆时分属遵化州温一里、温二里、忠义屯、温三里、兴一里、兴二里、太平乡。民国时期，分属于河北省遵化县第五区、第六区，设鹿角河乡和出头岭乡。新中国成立后，属于遵化县第四区。1953年重新建乡，分设出头岭乡、孟各庄乡、官场乡、小稻地乡、田各庄乡和鹿角河乡6个乡。1956年撤区并乡后以上六乡合并为三乡，即出头岭乡、石门乡和鹿角河乡。1958年公社化，以上地区被划归遵化县五星公社，并设出头岭管理区、官场管理区和小稻地管理区。1961年演变为出头岭公社和官场公社。1979年5月15日，两公社划归天津蓟县管辖，到1983年，两公社恢复乡建制，为出头岭乡和官场乡。2001年10月15日，撤乡并镇后，出头岭乡和官场乡合并为出头岭镇，原官场乡政府驻地改为出头岭镇政府驻地。截至目前，出头岭镇有行政村36个，分别是出头岭村、东店子村、东小李庄村、官场村、小汪庄村、东李各庄村、大汪庄村、西梁各庄村、大稻地村、李家仓村、东刘庄村、擂鼓台村、小稻地村、夏立庄村、何家堡村、景各庄村、小赵各庄村、大赵各庄村、裴各庄村、王新房村、田新庄村、闻马庄村、南河村、孟官屯村、北汪家庄村、北擂鼓台村、孟各庄村、西代甲庄村、朱官屯村、东陈各庄村、东官屯村、大安平村、三屯村、小安平村、中峪村、五清庄村。其中，人口最多的大稻地村有常住人口2395人；人口最少的小赵各庄村常住人口则只有272人。

二 地理位置

出头岭镇位于天津市蓟县最东部，素有蓟县东大门之称，北接燕山山脉，南衔风光秀丽的翠平湖（于桥水库）之源，物产资源丰富，土地类型多样，平原、山地、水域三大经济类型相辅相成。如果以出头岭镇为中心，可以将其位置大体划分为三个层次。第一层，即与出头岭镇接壤的各镇。其中，东面隔沙河与河北省遵化市平安城镇相望，北面以凤山、龙山为界与河北省遵化市石门镇为邻，西面与蓟县马伸桥镇以淋河相隔，南面与蓟县西龙虎峪镇接壤。第二层，即相邻的各县。具体来看，向西30公里到达蓟县县城；向东35公里是河北省遵化市；向南25公里是河北省玉田县；向北15公里是世界文化遗产及旅游胜地——清东陵。第三层，即周边大城市，出头岭镇与北京、天津、唐山三市距离较近，其中西距北京120公里，南距天津市区150公里，东距唐山市100公里，这种地理位置为出头岭镇服务大城市、发展现代农业具有优越的地理位置。该镇良好的自然资源为出头岭镇经济社会发展提供了基础，同时，与其他镇相比也受到了一些制约。

三 自然条件

出头岭镇镇域面积58.6平方公里，呈北高南低态势，北部有龙、凤二山横亘。其中，龙山，主峰海拔193米；凤山，主峰铁磨顶海拔241米。西南部地区位于于桥水库库区。沙河从北向南流经出头岭镇与遵化市边界，在西龙虎峪镇东部与黎河汇流入果河。淋河由遵化市境内自北向南流经本镇西界河汇入洲河，并最终到达于桥水库。龙须沟，发源于遵化市石门镇，自北向南流经出头岭镇中部汇入于桥水库。

图 1—1　出头岭镇在蓟县的位置

出头岭镇位于北纬 40°04′27″、东经 117°40′14″，属于南温带亚湿润气候区。该地区年均气温保持在 10℃—12℃ 之间，最高温度出现在夏季的 7 月，可达到 40°C，最低温度则出现在冬季的 1 月份，最低温度为 -13°C。7 月份平均温度在 24℃—25℃，1 月份平均温度在 -8℃—-5℃。春季干旱严重，冬季少雪多风，无霜期 175 天左右，年均降水量 700 毫米左右，集中在 7—8 月份。主要土壤有轻壤质洪积冲积潮褐土、中壤质洪积冲积潮褐土、中壤质黄土性淋溶褐土、中壤质菜园潮褐土、中壤质深位厚层夹黏潮土等，土壤质量属高肥型，土层厚，质地均匀，适种范围广。

四　辖区状况与历史风貌

出头岭镇下辖 36 个行政村，2012 年年底有 10547 户，其中农业生产经营户 9048 户，年末户籍人口 35463 人，常住人口 34690

人，男女比例为 1∶1.01。除汉族外，还有满族、蒙古族、回族、壮族、苗族、侗族以及布依族和朝鲜族。

出头岭镇的历史最早可追溯到新石器时期，先民在此繁衍生息，主要从事采摘、捕鱼、狩猎或耒耕等活动。到商周或战国时代，小稻地北上坡就已经发展为经济文化中心，唐代村落开始密集出现，且生活富足。地处燕赵的出头岭人，在与少数民族的战争中锻炼出了尚武的不屈精神。这种精神的传承，使出头岭镇人民具有光荣的革命传统和大公无私的奉献精神，抗日战争时期，这里涌现出许多可歌可泣的英雄事迹和英雄壮举。为了更好地配合八路军反"扫荡"，在田各庄、小汪庄村打了两次伏击战，重挫了日军的嚣张气焰，打死打伤日伪军 100 余人，同时也付出了巨大代价，日军一把火将大稻地村烧得片瓦无存。为了更好地教育后人，在大稻地村中建起了一座抗日纪念碑，成为该镇各界进行爱国主义教育的基地。在解放战争期间，出头岭镇村民紧密团结在党的周围，为民族解放和新中国的成立作出了巨大贡献。据统计，出头岭镇在抗日战争和解放战争中有名有姓的烈士就达到 214 人，具体如表 1—1 所示。

表 1—1　出头岭镇各村烈士数量（包括抗日战争、解放战争）

单位：人

村名	烈士	村名	烈士	村名	烈士	村名	烈士
朱官屯	16	东陈各庄	2	大稻地	13	大赵各庄	2
中峪	6	东官屯	0	李家仓	4	裴各庄	4
出头岭	32	小安平	1	东刘庄	4	王新房	2
西代甲庄	10	大安平	1	擂鼓台	6	田新庄	16
东店子	9	五清庄	2	小稻地	8	闻马庄	1
东小李庄	6	小汪庄	6	夏立庄	4	南河	11
孟各庄	6	东李各庄	1	何家堡	10	孟官屯	4
官场	5	大汪庄	5	景各庄	6	北汪家庄	3
三屯	2	西梁各庄	6	小赵各庄	0	北擂鼓台	0

五 2012年经济社会发展基本情况

2012年,全镇生产总值为8.42亿元,同比增长20.4%;税收为744.4万元,同比增长42.1%;固定资产投资为5.35亿元,同比增长29.4%;招商引资1.42亿元,同比增长36.1%;农村居民人均可支配收入达到11005元。

1. 坚持以经济结构调整为主线,经济发展水平不断提高

第一,积极推进农业科技示范项目建设。一是与天津瑞源化工技术开发有限公司合作,投资600万元,盘活了占地9亩的南擂鼓台村堆肥厂,年产有机肥1.2万吨,产值600万元。二是投资130万元引进蔬菜良种示范项目,建使用面积5600平方米的育秧温室4个,为2000亩蔬菜凉棚提供优质种苗服务。三是新发展生态床养猪户80户,养殖面积达到12000平方米。

第二,招商引资工作迈出新步伐。一是投资2000万元建成天津瑞特亨五金工具有限公司。2012年8月份试生产,到12月底,实现销售收入200万元,利税10万元,安排就业40人。二是创新招商引资机制,制定出台了奖励政策。逐村了解在外地的成功人士,及时加强沟通联系,实行以情招商,营造了全民招商的浓厚氛围。三是服装行业的龙头企业官场衬衣有限公司在国内外环境十分严峻的形势下,超额完成全年任务,实现税收400万元,同比增长11%。

第三,科技型企业、楼宇经济取得新进展。一是新引进楼宇经济企业3家,全镇楼宇企业总数达到4家,超额完成了全年任务指标。二是实现中小企业科技转型14家,其中11家企业获得县财政96万元资金扶持。同时,在开展"调惠上"活动中,积极为企业搭建融资平台,成功为企业申请贴息贷款200万元。

第四,商贸设施建设展现新形象。一是投资50万元打造城乡商业街,对原出头岭大街进行提升改造,实现大街亮化、美化,为商家入驻和居民购物提供了优美环境。二是广泛吸引社会资金,投

资1250万元在原官场乡跃洋服装厂和原出头岭供销社建临街商贸楼5000平方米。三是完善出头岭镇综合集贸市场改扩建工程，投资170万元，新建临街商铺1500平方米，铺设水泥路1500平方米，打机井3眼。

第五，启动旅游开发工作。遵循构建"一湖、两园、一庄"的旅游业发展思路，启动了五清庄生态旅游专业村建设，投资11万元，修环山路900米，浆砌泄水沟150米，建停车场300平方米。投资120万元在裴各庄村建成700平方米高档农家院一处，目前主体工程已竣工，预计2013年"五一"开业。

2. 坚持以工程项目促发展，农业、农村基础设施不断完善

第一，实施农田基础设施建设工程。投资389万元，打农田机井24眼，并完成配套设施；新安80KVA变压器8台，改造低压线路12000米；硬化农田路1400米，完成农田管网建设3万米。为大田增产、增效打下基础。

第二，实施小流域治理工程。投资61.8万元，建设谷防坝52条1040米，修建40立方米水窖12座，维修梯田700亩。有效提高了防洪度汛能力。

第三，实施生态环境资源保护工程。一是投资28万元，完成荒山、荒坡造林153亩；在河滩地造林200亩。水土流失得到有效整治，自然资源得到有效保护。二是投资252万元，全镇建沼气池700多个，逐步提高村内畜禽粪便无害化处理能力。

第四，实施新农村建设工程。投资190万元，顺利推进何家堡等5个文明生态村的后续工程建设，安装太阳能路灯35盏、安装铁杆路灯105盏，粉刷墙体2.7万平方米，栽植绿化树木3.4万株，新建办公场所900平方米，拆除违章建筑300平方米，建村标6个；投资435万元，为朱官屯等22个村修建水泥路19.8公里；投资220万元翻修乡村公路9.2公里；投资28万元修防汛路1公里。进一步方便群众出行，改善了群众生活条件。

3. 坚持保障和改善民生，群众幸福指数不断提升

第一，群众文体生活进一步丰富。搭建文化发展平台，在"百师村"——田新庄村成立龙凤山书画院。完善基础设施建设，为7个村增添体育器材105件套，镇文体活动中心安装室外健身器材36件套，新建东官屯等3个村文体活动广场2300平方米。为改善群众收视质量，投资30万元新建了出头岭有线电视中心站；组织东李各庄村舞蹈队参加桂月杯广场舞大赛，荣获三等奖；积极参加蓟县新城建设知识竞赛，并荣获三等奖。

第二，教育事业进一步发展。南河小学顺利完成现代化达标建设工作；投资95万元完成了夏立庄幼儿园提升改造工程和出头岭等11个村办幼儿园的环境改造，教育基础设施建设基本完善。

第三，医疗服务水平进一步优化。投资330万元完成29个村级社区卫生室规范化建设；组织出头岭镇分院深入开展"18项公共卫生服务项目"活动。人口和计划生育工作得到加强，低生育水平持续稳定。

第四，镇村环境进一步改观。邦喜公路—淋平路—库东路沿线范围内环境得到有效整治，对库区一线村内垃圾实行统一清运，日产日清，已配备垃圾桶550个，垃圾清运车3辆，专职保洁员63名，建立了环境治理长效机制，群众居住环境得到明显改善。

第五，社会保障体系进一步完善。认真落实各项惠农政策，享受农村低保、五保户969人，发放各类优抚款626万元。发放老年人补助373万元。城乡居民医疗保险工作参保率达到97.36%。投资48万元，为"三老"人员修建房屋30间。残疾人事业健康发展，为22名残疾人办理了生活救助金，为6名残疾学生申领了2900余元助学金，为10名低保重残人员申请了养老保险。

4. 坚持创新社会管理，和谐稳定局面不断巩固

严格落实重点工作包保责任制，与各村签订了信访稳定工作责任书，制定了维稳工作应急预案。全年共排查调处各类矛盾纠纷

81件,全镇信访总量明显下降。田新庄、李家仓、夏立庄村完成第一批社会管理示范村创建工作,成为该镇农村社会管理的典型,起到了示范引领作用。制订《出头岭镇安全工作方案》,规范该镇安全工作职责,强化生产、消防、交通、食品、校园安全等工作,坚决防止各种影响社会稳定的重大事件发生,确保全镇社会和谐稳定。

5. 坚持提升行政效能,政府自身建设不断加强

镇政府认真执行人代会决定、决议,主动接受县、镇人大监督,充分采纳人民群众的意见和建议,全面贯彻党风廉政建设责任制,营造风清气正的干事创业环境。圆满完成了村"两委"换届工作。积极推进政务等六联一体化公开,广泛接受社会监督。在全镇推行"一线工作法",深入开展"调惠上"活动,以建设服务型政府为目标,转变工作作风,进一步密切党群干群关系,解决企业、群众的困难,政府及其职能部门工作人员整体素质进一步提高,工作效率不断提高,行政效能得到提升。

六 出头岭镇大事记

1948年,普遍完成土地改革,实现耕者有其田。

1952年,各村成立农业生产互助组。

1953年6月23日建乡,设孟各庄、出头岭、官场、鹿角河、田各庄、小稻地6个乡。

1954年,各村成立初级农业生产合作社。

1956年,撤区并乡,成立高级农业生产合作社。设出头岭乡双利高级农业生产合作社,石门乡三星高级农业生产合作社,鹿角河乡长远高级农业生产合作社。所辖村为高级社分社。

1958年公社化,镇域内村庄隶属遵化县五星人民公社(平安城),下设出头岭、官场、小稻地管理区。

1961年,出头岭管理区改建出头岭公社;官场、小稻地两个管理区合并为官场公社。

1973年，组建遵化县第十一区（出头岭工委），辖石门、小辛庄、官场、出头岭4个公社。同年，遵化县委组织人力修筑于桥水库围埝。

1974年，遵化县委聘请抚宁县水稻技师，在出头岭地区推广水稻生产。

1978年8月26日，连降大暴雨，于桥水库水位由19.75米猛增近2米达到21.64米，水库围埝闻马庄段决口，18个村庄被淹。

1979年5月15日，经国务院批准，将官场、西龙虎峪、出头岭3个人民公社和石门公社的西梁各庄、小辛庄公社的赵各庄、景各庄2个生产大队划归天津市蓟县。

1982年，镇域内所有村全部落实农业生产的家庭联产承包责任制。

1983年6月，实行政社分开，恢复乡、镇建制，出头岭公社改为出头岭乡，官场公社改为官场乡。同年，撤销生产队，建立村民委员会。村民委员会成员一般由党支部成员担任。

2001年10月15日，实施撤乡并镇，原出头岭乡和官场乡合并为出头岭镇，原官场乡政府驻地改为出头岭镇政府驻地。

七 出头岭镇村之最

出头岭镇历史最长的村：出头岭村。出头岭村地处凤山南麓，南临淋平公路，面积4平方公里。全村1828人，姓氏以邢、崔、刘为主。据传，邢、崔、刘三支为隋代由山东迁来，因邢姓女嫁崔、刘两姓，而使得全村皆为亲戚。该村村名来自我国西北、东北地区流传较广的刘伯温斩龙头、凤头，并用石塔镇凤身的传说。相传，刘伯温斩了龙山之龙头后，来到凤山，挥剑斩下凤头。不想凤头斩下后，又生出新头；再斩再生，如此斩头、出头不下千余次。刘伯温无奈，只得运来他山之石，在凤山脊背上修了五座石塔，以镇凤威。凤山南麓有个村庄，视凤为神，见凤头斩断还能出头的神奇造化后，遂将村庄取名出头岭村。五座石塔被称为"京东五座塔",于 1970 年被拆。

出头岭镇历史最短、人口最少的村：北擂鼓台村。1959 年，因修建于桥水库，擂鼓台村村民迁移至出头岭村西，淋平公路北侧。由于气候逐年干旱，水库蓄水减少，加之擂鼓台位于水库东北岸，农业生产自水库竣工从未停止，多数村民返回原村址。出头岭镇西之擂鼓台村居住人口逐年减少，后只剩一个生产队的人口，划为擂鼓台第五生产队。1988 年，擂鼓台第五生产队从擂鼓台村析出，独立成村。自 1988 年建村至今，该村只有二十几年的历史，同时，该村也是出头岭镇人口最少的村，2012 年人口只有 165 人。

出头岭镇人口最多的村：大稻地村。2012 年该镇有人口 2395 人，占全镇总人口（34690 人）的 7%，是人口最少村北擂鼓台的 14.5 倍，比人口第二多的田新庄（1950 人）多 22.8%。大稻地原名溪水屯。元代，村庄东移，因盛产稻谷，且要区别于小稻地，故取名大稻地。之所以盛产稻谷，主要与该村水源充沛、土地肥沃有关。大稻地北高南低，有三股溪流自北向南穿村而过。龙须沟在村东，自北向南，流至大稻地村东南转向西，在村南部与三股溪流汇合，经擂鼓台、汪家庄向南汇入果河。直至 20 世纪 80 年代末，四股水流断流。盛产稻谷的结果使大稻地农业发达，所以人口一直是出头岭镇最多的村子。

出头岭镇最严密的村：北汪家庄。东西打围墙，南北设大门，有警卫人员看守。北汪家庄是于桥水库移民村，原址南有果河，北有小河子、西靠淋河。曾经芦荻丛生、鸟雀栖息，一片荒凉。明代永乐年间，一群逃荒者来到此地，刀耕火种繁衍子孙，聚落为村。村子里王姓居多，故名王家庄。因村落三面靠水，在"王"字旁边加三点水，村庄名字演变为"汪家庄"。1959 年，因修建于桥水库，全村 3 个生产队整体移民至西龙虎峪公社鲁家峪暂居。另选他址马各庄。全村移民选址出现分歧。两个生产队愿迁马各庄，一个生产队愿留鲁家峪。经遵化县人民政府批准，汪家庄一分为二。1960 年，两个生产队迁至马各庄，一个生产队留在了鲁家峪。自此，汪家庄分为南、北汪家庄。由于在马各庄盖的房子没有人住，房料被盗，北汪家庄因此迁至五清庄村东，1978年，再次迁至出头岭村西定居。鉴于被盗的经历，北汪家庄倍加重视安全，所以在村周围修建围墙与大门，并配有安保人员，成为出头岭镇最严密的村子。

出头岭镇最分散的村：夏立庄。夏立庄在唐代成村，原名下庄。官场以北约2.5公里龙山西侧，有一古河流过。古河岸边有一村庄，名上庄（现属遵化市），古河下游入淋河处有一村庄，名下庄，下庄后演变为夏庄。1984年，因县内重名，更为夏立庄。1959年，因修建于桥水库，夏立庄第一次移民。1978年，于桥水库围埝决口，夏立庄被淹。1980年夏立庄第二次移民，因村民恋故，老村仍有人居住。全村村民分三处居住，其中老村30户，约60人；小汪庄西、老爷庙北21户，约70人；其余大多数人居住在新村，村民委员会也设在新村。

出头岭镇最整洁的村：擂鼓台村。擂鼓台，唐代成村。相传唐王李世民东征高丽，屯兵驻扎，并用堆土成台，在台上擂鼓点将，以振东征将士士气，遂成名擂鼓台。1959年，因修建于桥水库，擂鼓台移民迁至出头岭村西，后又逐年返回原址。1983年，擂鼓台第二次迁建，第五生产队从擂鼓台析出成立新村，即北擂鼓台。擂鼓台以王、陈、张三姓为主。据传，王、陈两姓为藏山庄祖根。清朝时，藏山庄被封为养女庄头，王、陈两姓被驱逐至玉田县柳树鄌，以编柳条簸箕为生，后王、陈两姓迁徙至擂鼓台定居。擂鼓台村历来重视新农村建设，并把"生产发展、生活宽裕、村容整洁、乡风文明、管理民主"作为全村的主要任务。先后投资326万元，用于农村技术设施改造。从1994年开始修整村内道路，到2006年全村道路硬化达到11公里；2003年有线电视户户通，安装路灯180盏，改造传统厕所380多个；2005年修建了2000平方米的健身广场；2006年自来水入户，并建设秸秆气化站一座，铺设了优质燃气管道，使农村居民摆脱了烧柴做饭的传统。不仅如此，村内街道两旁栽植酸梨树 1000 株，月季 2000 株，各类观赏苗木 10000 株。通过长期不断的建设，擂鼓台村成为全镇最整洁的村。

出头岭镇最奇特的村：裴各庄。裴各庄也是于桥水库移民村，原址在于桥水库库区内。唐代成村，以裴姓定居最早而得名。原村南临景各庄，北靠何家堡，东连赵各庄，西依田各庄。抗日战争时期，裴各庄是抗日堡垒村，为迷惑敌人，曾化名"救国"。1959 年，因修建于桥水库迁至现址。裴各庄之所以奇特，主要是其行政隶属关系和其地理位置相差较大。从隶属关系看，裴各庄隶属蓟县出头岭镇，村庄地理位置却在河北省遵化市石门镇境内。

出头岭镇从事教师职业最多的村：田新庄。田新庄，唐代成村，由郭、陈两姓立村。据传，村中有一棵白果树（银杏树），树上结的果实味甜，因此以树上的果实命名"甜果庄"。白果树死后，甜果庄改名田各庄，1984 年因县内重名，将田各庄更名为田新庄。田新庄自民国初年开始办学，因由两个农民协会领导，故有两所学校。1938 年，随着两会并一会，学校合一。抗日战争期间，出头岭地区是抗日最活跃的地区，在艰难的条件下发展教育事业，为抗日活动培养了一批人才，也为新中国教育事业发展奠定了基础。抗日战争时期，在当地政府领导人陈修政、马力的引导下，田新庄从事教育事业的人居多。据统计，从新中国成立至今该村从事教育事业的人有 100 多人，是远近闻名的"教师村"，天津电视台、《今晚报》以及《每日新报》等媒体为此作过专门报道。

第二章

家庭、人口与劳动力状况

"民工荒"是近十年来困扰东部沿海地区经济发展的一个主要现象，它既反映了人口结构变化，也反映了经济结构状况。需要讨论的是，"民工荒"到底是一个短期现象，还是将来一段时期内我国经济不得不面对的要素瓶颈，而这无疑将为制定促进经济社会发展的人口政策的基础。此外，人口与土地依然是农村经济社会发展的最主要要素，这也是农村发展的基础，它将直接决定农村生产、生活结构的变化。本章在对出头岭镇人口与劳动力结构状况进行总体描述的基础上，以出头岭镇人口规模较大的田新庄、朱官屯与小汪庄三个村为例，分析农村人口与劳动力结构在将来一段时间内的演变情况。

第一节 家庭与人口概况

一 家户情况

2012 年，出头岭镇共有家庭 10547 户，其中大稻地村户数最多，有 735 户；北擂鼓台村户数最少，只有 63 户，是出头岭镇 36 村平均户数的 23%。在 10547 户家庭中，从事农业生产经营的有 9048 户，占全部家庭的 85.79%。其中，绝大多数村庄以农业生产为主，90%以上从事农业生产的村庄有30个，85%—90%从事农业生产的村庄有3个，不足80%的只有3个分别是出头岭村（79.5%）、南河村（31.5%）和田新庄村（19.77%）。

需要指出的是南河村与田新庄村虽然从事农业生产的家庭都比较少，但两个村既有相同点，又有区别。其中，田新庄村从事农业生产的家庭至少有两个主要原因：一是地理原因，即田新庄村地处于桥水库库区，1959年修建于桥水库，田新庄村村民迁至当前村址，虽然1978年由遵化县拨付了一定土地，但全村耕地稀少。据统计，全村只有耕地313亩，人均只有0.16亩，库区地250亩，人均不足0.13亩，两项合计人均不足3分地。由此可见，田新庄村土地稀少，是其农业经营户比重少的直接原因。二是该村重视教育事业，据统计从抗日战争开始村里有100多人从事教育事业，是远近闻名的"教师村"、"百师村"。目前，该村在职教师有80余人。由于重视教育，村子里的劳动力大多受教育程度较高，而且每年都有20多人考上大学，因此，从事非农就业的比重比较高。这是田新庄村农业经营户比重低的第二个原因。与田新庄村相同，南河村也处于于桥水库库区，兴建水库时原有3000多亩耕地几乎全部被淹没，目前只有耕地90亩，库区地256亩，二者合计人均土地不足2分，比田新庄村更少。与田新庄村尊师重教不同，南河村在改革开放以后在政府帮助下走出一条非农就业的新路，称为不种庄稼的农村和农民。从20世纪80年代开始，南河村村民放弃原有农作物种植，开始到大中城市务工。进入20世纪90年代以后，进城务工农民开始自闯市场，主要从事建筑、服装、工商等非农产业。

表2—1　　　　　　2012年出头岭镇36村家户状况

单位：户

村名	乡村户数	农业生产经营户数	村名	乡村户数	农业生产经营户数	村名	乡村户数	农业生产经营户数
出头岭	566	450	大稻地	735	710	三屯	318	308
西代甲庄	428	416	李家仓	182	179	官场	300	296
东店子	450	448	东刘庄	145	138	小汪庄	406	406

续表

村名	乡村户数	农业生产经营户数	村名	乡村户数	农业生产经营户数	村名	乡村户数	农业生产经营户数
东小李庄	85	83	擂鼓台	402	391	东李各庄	171	160
孟各庄	270	260	小稻地	551	504	大汪庄	160	155
朱官屯	625	557	夏立庄	272	250	西梁各庄	330	300
东陈各庄	320	305	何家堡	210	180	田新庄	683	135
五清庄	96	90	景各庄	136	134	闻马庄	385	375
中峪	221	200	小赵各庄	67	62	南河	635	200
东官屯	127	122	大赵各庄	204	201	孟官屯	208	200
小安平	142	140	裴各庄	135	130	北汪家庄	201	195
大安平	225	220	王新房	93	92	北擂鼓台	63	56

二 人口及其流动情况

2012年，出头岭镇有户籍人口35463人，乡村人口34690人。总体看，人口情况表现出以下特征：第一，性别比总体相当，但大多数村偏离自然状态，女性偏多。其中，36个村的男女比例为1∶1.006，高于自然的0.97的水平。其中，性别比最低的景各庄村，只有1∶0.83；最高的是王新房村，高达1∶1.13。在36个村中，低于1∶1的村有16个，平均为1∶0.95；高于1∶1的村为20个，平均为1∶1.06；需要指出的是高于1∶1的村实际上也高于平均水平。与户数相同，人口最多的村依然是大稻地村，有户籍人口2395人，乡村人口也为2395人，二者重合；北擂鼓台村人口最少，只有户籍人口190人，实际乡村人口165人。第二，人口流动小，迁出大于迁入，且以就近迁移为主。2012年，全镇外来人口67人，占全镇户籍人口的0.19%；迁出人口180人，占户籍人口的0.51%；迁移到县政府所在城镇74人，占0.21%；迁移到附近城镇的 106 人，占 0.30%。

表 2—2　　　　　　2012 年出头岭镇 36 村人口状况

单位：人

村名	乡村人口	男女比例	外来人口	年末户籍人口	当年迁出人口	迁移到区县政府所在城镇	迁移到小城镇
合计	34690	1∶1.01	67	35463	180	74	106
出头岭	1828	1∶0.97	16	1931	20	18	2
西代甲庄	1268	1∶0.99	1	1262	12	8	4
东店子	1600	1∶0.99		1643	3		3
东小李庄	329	1∶0.98	3	329	4	2	2
孟各庄	930	1∶1.02	6	926	3	1	2
朱官屯	1903	1∶0.96		1903	15	5	10
东陈各庄	1015	1∶1.05		1030	3		3
五清庄	286	1∶0.97		286			
中峪	728	1∶1.07	2	780	5		5
东官屯	449	1∶1.09		449	2	1	1
小安平	416	1∶1.08		416	7		7
大安平	726	1∶1.03		758	13	10	3
三屯	1022	1∶1.02	1	1184	2		2
官场	1140	1∶1.11		1140	6		6
小汪庄	1570	1∶1.01	4	1570	8	8	
东李各庄	596	1∶0.91		626			
大汪庄	674	1∶0.96		680	5		5
西梁各庄	1140	1∶0.97	6	1140	3	3	
大稻地	2395	1∶1.06	2	2395	5	5	
李家仓	568	1∶1.03	4	568	1		1
东刘庄	538	1∶0.87		538	2		2
擂鼓台	1415	1∶0.99	2	1415	9		9
小稻地	1713	1∶0.95		1713	11		11
夏立庄	986	1∶1.05		986	2		2

续表

村名	乡村人口	男女比例	外来人口	年末户籍人口	当年迁出人口	迁移到区县政府所在城镇	迁移到小城镇
何家堡	737	1∶1.01		737	4	2	2
景各庄	443	1∶0.83		443			
小赵各庄	272	1∶0.92		272	2		2
大赵各庄	667	1∶1.04		667	3		3
裴各庄	507	1∶1.10		507			
王新房	305	1∶1.13		305			
田新庄	1950	1∶1.08		2192	3		3
闻马庄	1160	1∶0.93	5	1180	10		10
南河	1950	1∶0.98		1950	10	2	8
孟官屯	658	1∶1.06		711	3	3	
北汪家庄	641	1∶1.07	11	641			
北擂鼓台	165	1∶1.06	4	190	4	4	

三 人口年龄结构

长期以来，我国经济持续高速增长，其原因之一就是"人口红利"。然而，改革开放以后严格的计划生育政策虽然有效抑制了我国人口快速增长，但长期执行该政策的结果是我国人口结构发生了巨大变化。常用的分析人口结构及其将来变化的工具是人口金字塔。所谓人口金字塔，指的是反映一个地区人口男女比例与年龄构成的图像。通过人口金字塔可以清晰反映人口年龄和性别结构，而且可以提供人力资源、人口老化程度、扶养比、生育年龄人口、未来的出生率和死亡率、未来人口总数等信息。根据人口变化情况，人口金字塔可分为三种类型，即增长型（年轻型）、稳定型（成年型）和缩减型（年老型）。其中，增长型，即人口规模将进一步扩大，反映在人口金字塔图形上就是塔顶尖、塔底宽；稳定型，即人口规模呈现稳定变化，呈现在人口金字塔形状上就是塔顶、塔底宽度基本一致，在塔尖处才逐渐收缩；而缩减型，则表明人口规模反映在图形上就是塔顶宽、塔底窄的特征。图 2—1 到图 2—3 给出了小汪庄、田新庄和朱官屯 3 个村的人口金字塔。其中，小汪庄 55—59 岁人口最多，田新庄村 45—49 岁人口最多，而朱官屯村 55—59 岁人口与 25—29 岁人口数量相当，这意味着在未来 10—15 年，中国老龄化人口将进一步提高。同时 5—20 岁人口呈现不断减少的状况，这则意味着未来 5—10 年中国劳动力将呈现逐渐减少的趋势。根据 3 个村的人口金字塔形态我们可以得出以下判断：即朱官屯村人口呈现稳定型特征，而小汪庄村和田新庄村则明显进入缩减型变化阶段。这种变化将直接影响将来一段时间劳动力供给。这是因为，长期以来我国经济快速发展的一个重要原因就是人口红利发挥重大作用，随着人口由增长向稳定并向缩减型变化，我国已经进入人口老龄化阶段。

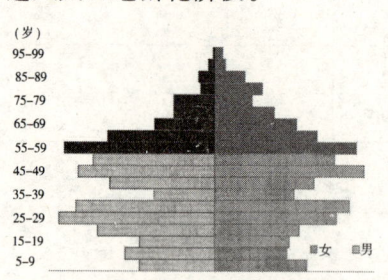

图 2—1　小汪庄村人口金字塔

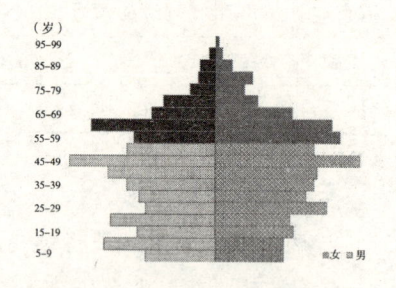

图 2—2　田新庄村人口金字塔

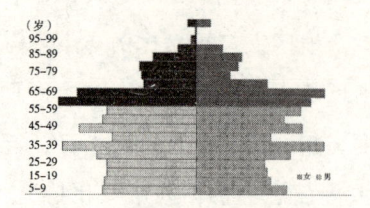

图 2—3　朱官屯村人口金字塔

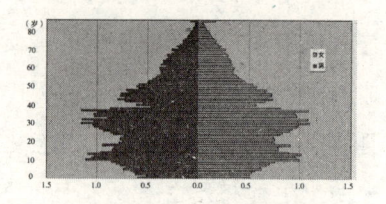

图 2—4　2000 年第五次人口普查人口金字塔

所谓人口老龄化包括两重含义：一是指老年人口相对增多，在总人口中所占比例不断上升的过程；二是指社会人口结构呈现老年状态，进入老龄化社会。国际上，通常把60岁以上的人口占总人口比例达到10%，或65岁以上人口占总人口的比重达到7%作为国家或地区进入老龄化社会的标准。根据这两个标准我们选取3个村进行了统计调查，结果如表2—3所示。从表2—3中我们发现，无论哪个标准小汪庄、田新庄和朱官屯三村的人口老龄化都高于国际标准。其中，60岁老人比重超过20%，是国际标准10%的2倍多，最多的朱官屯村达到2.5倍多；而65岁老人比重超过14%，也是国际标准7%的2倍多。据统计，2013年我国60岁以上人口超过2亿，占总人口的14.9%。显然，调查的3个村子的人口老龄化程度比全国要严重。这说明我国人口老龄化日渐显现，这种老龄化不仅反映在国家的整体层面，作为我国人口资源主要供给面的农村，人口老龄化同样不可忽视。不仅如此，从农村的实际情况看，这种人口老龄化在近10年之内不但不会缓解，反而可能出现愈演愈烈的趋势。因此，必须做好相应准备，提高医疗、养老等社会福利水平，完善社会保障体系，同时适时调整相关的人口与就业政策，防止人口老龄化导致的不良后果。

表2—3　　　　小汪庄、田新庄、朱官屯三村老龄化程度

单位：%

进入老龄化社会标准	国际标准	小汪庄	田新庄	朱官屯
60岁以上人口占总人口比重	10	21.77	23.23	25.24
65岁以上人口占总人口比重	7	14.94	14.37	16.64

四　家庭结构状况

家庭作为社会基本单元承载着诸多的社会责任，从劳动力供给到社会保障，再到传统文化的传承等，因此，考察家庭结构的变化对于了解我国社会经济变化，制定相应的社会政策具有重要的意义。从调查的结果看，长期的人口计划生育政策已经改变了城乡家庭机构。特别是在农村，原有多代同堂的大家庭已经被两代三口或四口家庭所取代。从全镇户均人口看，全镇平均每户3.36人，其

中，超过全镇平均水平的有 20 个村，少于平均水平的有 16 个村，户均人口最多的是大汪庄村平均每户 4.25 人，最少的小安平村只有 2.93 人。在调查的田新庄、小汪庄和朱官屯 3 个村的 1366 个家庭中，家庭人口规模呈现先升后降的倒"U"形变化特征。总体上看，2 人家庭在调查家庭中占比重最高，占全部家庭的 25%；其次是 4 人家庭和 3 人家庭，各占 23.57% 和 23.21%；1 人家庭和 5 人家庭分别占 10.25% 和 10.76%；6 人家庭较少，只占 5.34%；而 7 人及以上家庭只有 25 个，占全部家庭的 1.83%。从户主年龄看，表现出相反的特征，即随着人口增多，户主年龄呈现先降后升的"U"形变化。其中，1 人家庭户主年龄最高，超过 64 岁，三村 1 人家庭的平均年龄超过 68 岁；其次是 2 人家庭，平均年龄为 59.88 岁；7 人以上家庭户主平均年龄为 57.24 岁排在第三位。仅 1 人户和 2 人户的家庭达到 482 户，占全部调查家庭的 35% 以上，这说明 3 个村中 1/3 以上家庭是老人家庭。虽然，3 家庭和 4 人家庭占比最高，但从户主年龄看也呈现老龄化特征，目前 3 人家庭户主平均年龄为 47.25 岁，4 人家庭为 46.81 岁，这就意味着 15 年以后这些家庭将全部演变为老龄家庭。

具体来看各村的情况，田新庄村 1 人家庭占 14.76%，在 3 个村的 1 人家庭中占比最高，年龄也最大，达到 69.30 岁；2 人家庭占该村调查家庭的 30.18%，也是 3 个村中比重最高的，户主平均年龄 59.36 岁，是 3 个村中年龄最轻的；3 人家庭占 23.55%；4 人家庭占 22.39%；5 人家庭占 7.30%；6 人和 7 人家庭占比是 3 个村中最低的，二者合计只有 1.83%。小汪庄村 1 人家庭占 6.59%，户主平均年龄 64.32 岁；2 人家庭占 16.47%，户主平均年龄 61.25 岁；3 人家庭占 23.35%，户主平均年龄 49.65 岁；4 人家庭占 26.95%，户主平均年龄为 49.32 岁；5 人户占 12.57%，户主平均年龄 56.41 岁；6 人户占 10.48%，户主平均年龄 59.80 岁；7 人户占 3.59%，户主平均年龄 60.33 岁。朱官屯村 1 人家庭占 6.76%，户主平均年龄 67.93 岁；2 人家庭占 24.48%，户主平均年龄 60.06

岁；3人家庭占22.61%，户主平均年龄46.02岁；4人家庭占22.61%，户主平均年龄为46.06岁；5人户占14.22%，户主平均年龄50.92岁；6人户占6.53%，户主平均年龄53.18岁；7人户占2.80%，户主平均年龄53.67岁（详见表2—4）。

表2—4　田新庄、小汪庄、朱官屯三村家庭人口分布情况

家庭人口（人）	1	2	3	4	5	6	7人及以上
田新庄							
户数（户）	89	182	142	135	44	10	1
占比（%）	14.76	30.18	23.55	22.39	7.30	1.66	0.17
平均年龄（岁）	69.30	59.36	46.77	45.67	52.57	54.9	63.00
小汪庄							
户数（户）	22	55	78	90	42	35	12
占比（%）	6.59	16.47	23.35	26.95	12.57	10.48	3.59
平均年龄（岁）	64.32	61.25	49.65	49.32	56.41	59.80	60.33
朱官屯							
户数（户）	29	105	97	97	61	28	12
占比（%）	6.76	24.48	22.61	22.61	14.22	6.53	2.80
平均年龄（岁）	67.93	60.06	46.02	46.06	50.92	53.18	53.67

通过比较可知，田新庄村在家庭人口规模两端（人口1—7人及以上的家庭）的户主平均年龄明显高于其他两个村。这主要是因为，田新庄村农业经营户较少，家庭代际简单，生活相对独立。表2—5对于家庭代际结构的调查表明，田新庄村的一代家庭243户，占该村调查总数的40.23%，远远高于小汪庄村和朱官屯村的一代家庭比重；三代以上家庭比重明显低于其他两村；而两代家庭比重三个村子基本相当。这说明以非农业为主的村子（家庭），其家庭结构更加简单。从年龄看，一代家庭户主平均年龄更高，特别是一代1人家庭（具体见本章附录表2—1）。由此可见，随着农村非农经营家庭数量的增加，家庭结构会逐渐简化，原有家庭承担的社会保障必然会逐渐转向社会，这就对社会保障全覆盖提出了要求。同时，家庭结构的变化还体现在家庭子女变化中。以两代家庭

为例，独生子女数量占到了 50% 以上，其中，田新庄村为 52.28%，小汪庄村为 50.70%，朱官屯村略低为 49.46%。这种家庭结构，特别是农村独子化倾向将影响劳动力供给。因为，两代家庭的户主年龄明显偏大，基本上都超过了生育年龄，其中田新庄村为 46.45 岁，小汪庄村为 48.99 岁，朱官屯村为 45.27 岁。因此，适时改变生育政策对于劳动力的持续供给是必然的政策选择。

表 2—5　田新庄、小汪庄、朱官屯三村家庭代际情况

项目	户数（户）				占比（%）				年龄（岁）			
代际情况	一代	两代	三代	四代	一代	两代	三代	四代	一代	两代	三代	四代
田新庄	243	301	60	—	40.23	49.83	9.93	—	63.82	46.46	54	—
小汪庄	62	164	96	12	18.56	49.10	28.74	3.59	65.21	48.99	57.37	58.17
朱官屯	120	199	103	7	27.97	46.39	24.01	1.63	64	45.27	52.05	56.57

第二节　劳动力状况

继 2012 年中国劳动年龄人口首次出现绝对减少后，2013 年这一数据继续下降。根据国家统计局发布的《2013 年国民经济和社会发展统计公报》显示，2013 年，中国 16—59 岁劳动年龄人口 9.2 亿人，较上年减少 244 万人；劳动年龄人口占比 67.6%，下降 1.6 个百分点。尽管劳动年龄人口下降，就业总量仍然持续增长。2013 年全国就业人员总数达到 7.7 亿人，比上年末增加 273 万人。全国农民工总量为 2.69 亿人，比上年增长 2.4%。年末城镇登记失业率为 4.05%，比上年末降低 0.04 个百分点。这里需要解释几个指标：第一，劳动力资源，即一个国家或地区，在一定时点或时期内，拥有的劳动力的数量和质量，劳动者的生产技术、科学文化水平和健康状况的总和的劳动适龄人口。根据我国劳动就业制度规定，男的年满 18—60 岁，女的年满 18—55 岁，都列为劳动力资

源。第二，乡村劳动力资源，指乡村人口中经常参加合作经济组织（包括乡村办企业事业单位）和从事家庭经营生产劳动的整、半劳动力。一般是以村为填报单位，按户籍册上的人口年龄加以估算，超过或没有达到劳动年龄而从事劳动的有的按半劳动力计算，有的未计算，而农业普查中的农村从业人员不受年龄限制，只要从业时间在10天以上的人员都包括在内。第三，劳动适龄人口，一般是国家限定的劳动年龄界限内的人口，不同国家对劳动年龄有着不同的规定，我国劳动保险条例规定，我国劳动年龄范围的下限为16岁，上限为男59岁、女54岁；国际上无论男性还是女性，劳动年龄人口均定为15—64岁，处于这个年龄的人即为劳动适龄人口。第四，从业人员，指在各级国家机关、政党机关、社会团体及企业、事业单位中工作，取得工资或其他形式的劳动报酬的全部人员。包括在岗职工、再就业的离退休人员、民办教师以及在各单位中工作的外方人员和港澳台方人员、兼职人员、借用的外单位人员和第二职业者。不包括离开本单位仍保留劳动关系的职工。各单位的从业人员反映了各单位实际参加生产或工作的全部劳动力。第五，农村从业人员，指乡村人口中16岁以上实际参加生产经营活动并取得实物或货币收入的人员，既包括劳动年龄内实际参加劳动人员，也包括超过劳动年龄但实际参加劳动的人员，但不包括户口在家的在外学生、现役军人和丧失劳动能力的人，也不包括待业人员和家务劳动者。劳动者年龄为16岁以上。了解了这些基本概念后，就了解了统计指标中出现的数据差异了。

一　劳动力基本情况

2012年出头岭镇共有人口35463人，乡村劳动力资源18330人，仅为总人口的51.69%，其中劳动年龄内劳动力只有15867人，为总人口的44.74%。无论是劳动力资源还是劳动年龄内的人员均远小于乡村总人口，这意味着农村实际上有大量非劳动力人口需要供养，即使按照劳动力资源这一口径，出头岭镇的供养比实际上也已经接近1∶1的水平，这意味着一个劳动力要养活一个非劳动力，而2012年全国水平为34.9%，即3个劳动力养活一个非劳动力人员。由此可见，出头岭镇虽然地处农村，但其劳动力资源紧张的局面已经非常严重。另外，由表2—6可知，劳动年龄内劳动力少于劳动力资源数量，说明出头岭镇劳动力资源涵盖了大量超龄劳动力，这一方面由农村生产经营状况决定；另一方面也反映了出头岭镇当前劳动力渐趋紧缺的现状。实际上，乡村劳动力资源并非全部在农村就业，真正在乡村就业的只有16301人，占劳动力资源的88.93%，仅是全部人口的45.97%。而劳动年龄内人口仅为乡村就业人员的92.55%，是全部人口的42.54%。

从各村的情况看，大稻地村劳动力资源数量最大，有劳动力1450人；但与人口相比最高的村是东陈各庄村，其劳动力资源数占该村总人口的68.77%。劳动年龄内人口与劳动力资源重合的包括东小李庄和东李各庄两个村，这说明这两个村劳动力资源全部为劳动年龄内人口；小安平村最低，其劳动年龄人口是劳动力资源的66.67%，即该村大量超龄人口依然从事生产经营活动；对于大多数村子来讲劳动年龄内人口占劳动力资源总数的比重均超过80%，只有4个村低于80%，包括小安平、小汪庄、小稻地和东店子。乡村从业人员占劳动力资源总数最高的是朱官屯、中峪、东官屯、西梁各庄、李家仓以及景各庄6个村，即这6个村的劳动力全部在乡村就业；而对于大多数村子而言，乡村从业人员占劳动力资源总数的80%以上，只有小安平、小汪庄、小稻地和田新庄4个村低于80%，说明这4个村的劳动力进入城镇就业的比重较高。有9个村子的劳动年龄内人口占乡村从业人口比重最高，为100%，分别是东小李庄、三屯、小汪庄、大汪庄、东李各庄、小稻地、大赵各庄、南河和北汪家庄；其余27个村的劳动年龄内人口占乡村从业人员的80%以上，而且有16个村超过90%。从男女比例看，农村劳动力资源的男女比重为1∶0.94，低于人口男女比例1∶1.01的水平，而乡村从业人员中男、女比例更低，只有1∶0.92。这说明，在农村从事生产经营活动的主要是农村男性劳动力，而女性劳动力受年龄和身体状况等因素影响主要在家做家务活动。从各村状况看，官场村劳动力资源的男女性别比最高为1∶1.35，乡村从业人员中男、女比例最高的是东小李庄为1∶1.13，原因在于这两个村子服装加工业比较发达，吸引了大量女性工作。

表2—6　　　　　　出头岭镇各村劳动力基本情况

单位：人

村名	劳动力资源数	男女比例	劳动年龄内人口	从业人员	劳动年龄内人口	男、女比例
合计	18330	1∶0.94	15867	16301	15086	1∶0.92
出头岭	880	1∶0.76	710	870	710	1∶0.78
西代甲庄	658	1∶1.06	528	586	472	1∶0.92
东店子	883	1∶0.80	700	750	620	1∶1.03
东小李庄	160	1∶1.05	160	149	149	1∶1.13
孟各庄	470	1∶0.96	420	400	380	1∶1.05
朱官屯	930	1∶0.95	821	930	821	1∶0.95
东陈各庄	698	1∶0.98	583	600	583	1∶0.88
五清庄	117	1∶0.95	102	96	90	1∶0.92
中峪	460	1∶0.92	440	460	440	1∶0.92
东官屯	190	1∶0.73	170	190	170	1∶0.73
小安平	270	1∶0.80	180	200	195	1∶0.90
大安平	320	1∶0.88	300	310	280	1∶0.94
三屯	497	1∶0.99	457	457	457	1∶0.96
官场	540	1∶1.35	500	460	443	1∶0.92
小汪庄	780	1∶0.95	600	600	600	1∶0.94
东李各庄	332	1∶0.93	332	302	302	1∶0.86
大汪庄	340	1∶0.94	310	305	305	1∶0.91
西梁各庄	620	1∶0.94	500	620	500	1∶0.94
大稻地	1450	1∶0.81	1300	1300	1200	1∶0.86
李家仓	235	1∶0.88	220	235	220	1∶0.88

续表

村名	劳动力资源数	男女比例	劳动年龄内人口	从业人员	劳动年龄内人口	男女比例
东刘庄	281	1:0.94	270	248	230	1:0.91
擂鼓台	620	1:1.07	520	560	520	1:0.87
小稻地	1005	1:0.83	735	735	735	1:0.76
夏立庄	490	1:1.04	460	460	450	1:1.09
何家堡	373	1:1.04	350	360	350	1:1.00
景各庄	246	1:0.86	214	246	214	1:0.86
小赵各庄	140	1:0.87	120	120	110	1:0.71
大赵各庄	320	1:1.05	290	265	265	1:1.04
裴各庄	255	1:0.96	230	240	220	1:1.00
王新房	183	1:1.03	170	180	145	1:1.12
田新庄	1200	1:1.03	980	880	780	1:1.05
闻马庄	660	1:0.94	620	630	590	1:0.97
南河	980	1:0.96	920	910	910	1:0.94
孟官屯	330	1:1.13	312	300	290	1:1.07
北汪家庄	320	1:0.88	260	260	260	1:0.86
北擂鼓台	97	1:0.98	83	87	80	1:0.93

二 劳动力就业结构

根据国家统计局最新的三次产业划分，第一产业是指农、林、牧、渔业（不含农、林、牧、渔服务业）；第二产业是指采矿业（不含开采辅助活动），制造业（不含金属制品、机械和设备修理业），电力、热力、燃气及水生产和供应业，建筑业；第三产业即服务业，是指除第一产业、第二产业以外的其他行业。具体来看，第三产业包括批发和零售业，交通运输、仓储和邮政业，住宿和餐饮业，信息传输、软件和信息技术服务业，金融业，房地产业，租赁和商务服务业，科学研究和技术服务业，水利、环境和公共设施管理业，居民服务、修理和其他服务业，教育，卫生和社会工作，文化、体育和娱乐业，公共管理、社会保障和社会组织，国际组织，以及农、林、牧、渔业中的农、林、牧、渔服务业，采矿业中的开采辅助活动，制造业中的金属制品、机械和设备修理业。在三次产业中，出头岭镇在第一产业就业人数为10061人，占从业人员的61.72%，排在第一位；第二产业就业人数为4030人，占从业人员的24.72%，排第二位；第三产业仅排第三，就业人数为2210人，相当于第二产业的一半，占全部从业人员的13.56%（如图2—5所示）。

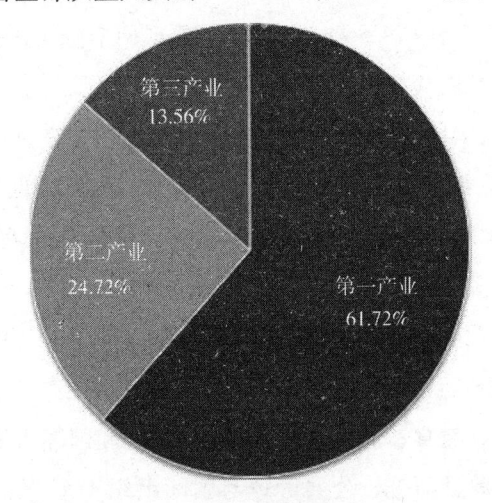

图2—5 三次产业就业结构

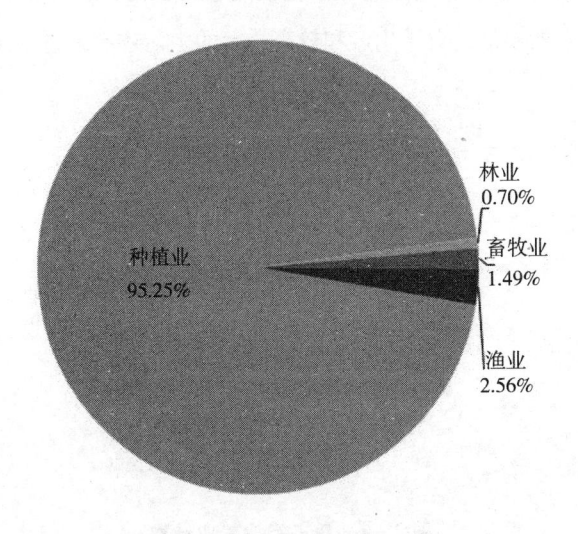

图2—6 第一产业就业结构

具体来看，第一产业中以种植业为主，第一产业从业人员中的95.25%集中在种植业，占三次产业全部从业人员总数的58.79%；渔业是第一产业中就业第二的行业，但其规模远没有种植业大，只占第一产业从业人员的2.56%；畜牧业和林业从业人员比重更少，分别只占第一产业从业人员的1.49%和0.70%（如图2—6所示）。第二产业中制造业和建筑业相当，其就业人口分别占第二产业从业人员的58.14%和48.19%，二者合计占第二产业就业人员的99.33%，占三次产业全部从业人员的24.56%；而电力、采矿两个行业分别只有第二产业就业人员总数的0.42%和0.25%（如图2—7所示）。第三产业总体比重仍然较低，且结构相比于第一产业和第二产业来讲更为分散。其中，批发和零售业从业人员为939人，占第三产业全部就业的42.49%；其次是交通运输业，占29.82%；再次是住宿和餐饮业占11.18%；居民服务业排在第四位，占第三产业就业的10.90%，四者合计占第三产业就业的94.39%（如图2—8所示）。余下的5.61%为第三产业中的其他行业，包括信息传输、金融、房地产、租赁、科学研究、水利环境、教育、卫生、文化、公共管理和国际组织11个行业，而且房地产、科学研究、公共管理与国际组织4个行业就业人员为"0"。由此可见，出头岭镇第三产业依然还处于较低的发展水平，主要是服务于一般生活，对于生产和较高质量的生活还有待进一步发展。

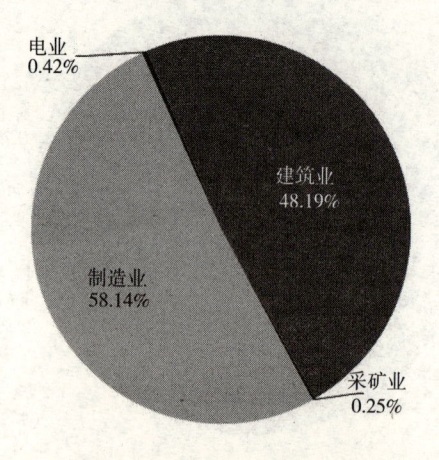

图2—7 第二产业就业结构

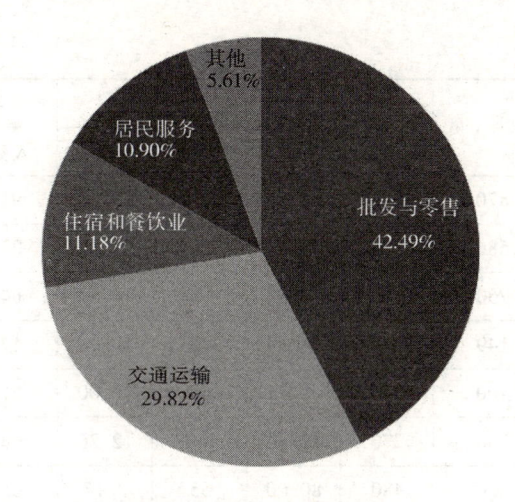

图 2—8　第三产业就业结构

三　各村就业结构

从各村的就业产业结构看，第一产业就业占比低于全镇平均水平的有 16 个村，最低的田新庄村第一产业占比只有 9.89%，其余均在 40%—60%，平均 50.80%；高于平均水平的有 20 个村，最高的朱官屯村占 82.80%，其余均在 60%—80%，平均 70.77%。第二产业就业占比低于全镇平均水平的有 18 个村，最低的东陈各庄村第二产业占比只有 9.17%，其余均在 10%—24%，平均 16.96%；高于平均水平的有 18 个村，最高的田新庄村占 55.23%，其余均在 25%—42%，平均 31.97%。第三产业就业占比低于全镇平均水平的有 20 个村，最低的北汪家庄村第三产业占比只有 2.31%，其余均在 4%—13.5%，平均 8.75%；高于平均水平的有 16 个村，最高的田新庄村占 34.89%，其余均在 13.5%—29%，平均 19.76%。各村三次产业就业结构的详细数据见表 2—7。

表 2—7　　　　　　出头岭镇各村三次产业就业结构

单位：人、%

村名	从业人员	第一产业		第二产业		第三产业	
		人数	占比	人数	占比	人数	占比
合计	16301	10061	61.72	4030	24.72	2210	13.56

续表

村名	从业人员	第一产业 人数	第一产业 占比	第二产业 人数	第二产业 占比	第三产业 人数	第三产业 占比
出头岭	870	526	60.46	253	29.08	91	10.46
西代甲庄	586	436	74.40	125	21.33	25	4.27
东店子	750	577	76.93	109	14.53	64	8.53
东小李庄	149	87	58.39	45	30.20	17	11.41
孟各庄	400	275	68.75	68	17.00	57	14.25
朱官屯	930	770	82.80	114	12.26	46	4.95
东陈各庄	600	480	80.00	55	9.17	65	10.83
五清庄	96	55	57.29	26	27.08	15	15.63
中峪	460	360	78.26	60	13.04	40	8.70
东官屯	190	140	73.68	29	15.26	21	11.05
小安平	200	86	43.00	81	40.50	33	16.50
大安平	310	202	65.16	80	25.81	28	9.03
三屯	457	346	75.71	50	10.94	61	13.35
官场	460	250	54.35	108	23.48	102	22.17
小汪庄	600	400	66.67	154	25.67	46	7.67
东李各庄	302	152	50.33	100	33.11	50	16.56
大汪庄	305	204	66.89	80	26.23	21	6.89
西梁各庄	620	395	63.71	200	32.26	25	4.03
大稻地	1300	750	57.69	330	25.38	220	16.92
李家仓	235	171	72.77	25	10.64	39	16.60
东刘庄	248	143	57.66	75	30.24	30	12.10
擂鼓台	560	403	71.96	120	21.43	37	6.61
小稻地	735	404	54.97	175	23.81	156	21.22
夏立庄	460	310	67.39	86	18.70	64	13.91
何家堡	360	223	61.94	90	25.00	47	13.06
景各庄	246	169	68.70	33	13.41	44	17.89

续表

村名	从业人员	第一产业 人数	第一产业 占比	第二产业 人数	第二产业 占比	第三产业 人数	第三产业 占比
小赵各庄	120	56	46.67	42	35.00	22	18.33
大赵各庄	265	169	63.77	60	22.64	36	13.58
裴各庄	240	145	60.42	35	14.58	60	25.00
王新房	180	99	55.00	58	32.22	23	12.78
田新庄	880	87	9.89	486	55.23	307	34.89
闻马庄	630	330	52.38	120	19.05	180	28.57
南河	910	440	48.35	380	41.76	90	9.89
孟官屯	300	207	69.00	72	24.00	21	7.00
北汪家庄	260	174	66.92	80	30.77	6	2.31
北擂鼓台	87	40	45.98	26	29.89	21	24.14

与全镇情况相似，各村三次产业中的具体行业分布也呈现出第一产业以种植业为主的特征。在种植业就业人员占第一产业就业人员比重中，全镇平均为95.25%，其中低于平均水平的有13个村，最低的大安平村只有74.26%，其余均在77%—95%，平均为88.61%；高于平均水平的有23个村，出头岭村最高，该比重达到100%，也就是说第一产业就业全部集中在种植业，其余均在96%—100%，平均为98.37%。第二产业中，制造业和建筑业占比最高，二者合计占第二产业总就业的90%以上，其中低于99%的有8个村，二者合计达到100%的有28个村。第三产业中，批发零售和交通运输是分布比较均衡且占第三产业就业比重较高的两个行业，二者合计超过70%的有25个村，低于50%的只有6个村。低于50%的6个村分别是：大稻地村27.27%；大汪庄村28.57%；小赵各庄村36.37%；裴各庄村43.34%；官场村46.08%；小汪庄村47.83%。而这6个村的住宿餐饮和居民服务业就业比重较高，其中，出头岭村、大稻地村和官场村三个村的住

宿餐饮业占第三产业就业比重超过30%，分别达到32.27%、34.09%和39.22%，裴各庄村更是高达50%；大稻地村的居民服务业占第三产业就业比重超过30%，小汪庄村和大汪庄村超过40%，这3个村分别为34.09%、43.48%和47.62%，小赵各庄则高达50%。详细数据见表2—8。

表2—8　　　　出头岭镇各村主要行业就业结构

单位:%

村名	占第一产业比重 种植业	占第二产业比重 制造业	占第二产业比重 建筑业	占第三产业比重 批发零售	占第三产业比重 交通运输
全镇平均	95.25	51.14	48.19	42.49	29.82
出头岭	100	47.43	51.38	21.98	32.97
西代甲庄	99.54	58.40	41.60	24.00	48.00
东店子	88.73	36.70	59.63	46.88	31.25
东小李庄	97.70	48.89	44.44	41.18	17.65
孟各庄	94.91	51.47	44.12	26.32	43.86
朱官屯	98.05	52.63	44.74	26.09	32.61
东陈各庄	99.38	23.64	76.36	33.85	49.23
五清庄	94.55	23.08	76.92	26.67	66.67
中峪	98.06	33.33	66.67	25.00	50.00
东官屯	99.29	17.24	79.31	19.05	71.43
小安平	97.67	41.98	58.02	54.55	45.45
大安平	74.26	43.75	56.25	75.00	17.86
三屯	99.13	40.00	60.00	65.57	26.23
官场	99.60	55.56	44.44	19.61	26.47
小汪庄	91.75	35.06	64.94	26.09	21.74
东李各庄	97.37	50.00	50.00	22.00	60.00
大汪庄	97.06	25.00	75.00	0.00	28.57
西梁各庄	99.75	75.00	25.00	12.00	80.00
大稻地	99.73	54.55	45.45	18.18	9.09
李家仓	98.83	60.00	40.00	12.82	51.28

续表

村名	占第一产业比重 种植业	占第二产业比重 制造业	占第二产业比重 建筑业	占第三产业比重 批发零售	占第三产业比重 交通运输
东刘庄	95.10	37.33	62.67	83.33	10.00
擂鼓台	96.28	33.33	66.67	21.62	51.35
小稻地	92.08	45.71	54.29	38.46	37.18
夏立庄	99.35	65.12	34.88	46.88	46.88
何家堡	97.76	77.78	22.22	46.81	40.43
景各庄	98.22	42.42	57.58	11.36	68.18
小赵各庄	89.29	42.86	47.62	13.64	22.73
大赵各庄	94.67	66.67	33.33	83.33	13.89
裴各庄	94.48	57.14	42.86	16.67	26.67
王新房	96.97	68.97	31.03	43.48	43.48
田新庄	77.01	49.38	49.38	71.66	16.29
闻马庄	87.88	75.00	25.00	77.78	11.11
南河	77.27	60.53	39.47	66.67	22.22
孟官屯	98.07	30.56	69.44	47.62	47.62
北汪家庄	97.13	62.50	37.50	16.67	50.00
北擂鼓台	97.50	42.31	57.69	23.81	47.62

通过对出头岭镇及各村就业结构数据的分析，可以得出以下结论：第一，出头岭镇就业以第一产业为主；第二产业为辅；第三产业作为补充。这说明出头岭镇三次产业依然以第一产业为主；第二产业受库区影响发展较为缓慢；最慢的是第三产业。第二，在三次产业中，就业比重比较靠前的行业分别是种植业、制造业、建筑业、批发零售和交通运输五大行业。各村情况略有不同，这种差异主要表现在第三产业，大稻地村等 6 个村的住宿餐饮业和居民服务业比重超过批发零售和交通运输，而其他村这两个行业并不高，甚至为零。这说明第三产业的部分行业相对集中，这与各村在镇中的

作用等有差异；这同样意味着第三产业的发展需要有足够的需求空间，也就是说要形成规模。从当前出头岭镇的人口规模和收入水平以及产业结构看，发展第三产业特别是高端服务业几乎不可能。第三，出头岭镇目前最主要的应该是立足于第一产业，特别是现代农业，并将第一产业的产业链延长到第二产业，发展食品加工业，以及为第一产业配套的第二产业，带动农民收入提高，并进一步发展为第一、第二产业发展服务的仓储、物流和金融等现代服务业。

第三节 人口与劳动力的演变趋势

为了进一步了解出头岭镇人口与家户以及劳动力和就业结构变化，我们搜集了 2005—2012 年该镇的相关数据，从中可以看出该镇人口、家户、劳动力情况和就业结构的变化过程以及变化趋势。

一 人口与家户变化趋势

1. 人口与家户变化趋势

总体来看，出头岭镇总人口和总户数变化有小的波动，且趋势基本一致，都经历了先升后降，再逐步上升的过程。其中，2005 年家户总数为 9679 户；2006 年突然增加到 11041 户，是 2005—2012 年中家户最多的一年，比 2005 年增加了 1362 户，增长了 14.07%。其后，该镇家庭户数直线下降，到 2008 年基本上又回落到 2005 年水平，为 9729 户，但从 2008 年后家户总数又呈现出缓慢上升的趋势，到 2012 年重新达到 10547 户，但依然没有超过 2006 年的水平。与户数变化相似，出头岭镇人口变化也经历了先升后降，再逐渐上升的过程。2005 年出头岭镇总人口为 33710 人；2006 年上升到 34618 人，之后逐年下降到 2008 年的 33718 人，然后逐渐上升；到 2012 年全镇人口达到 34690 人，超过 2006 年（详见图 2—9）。需要说明的是，之所以人口变化较大，主要是统计口径的差异，即在统计过程中既有公安局的口径，又有统计局常住人口的口径，如果按照公安局统计口径人口更多，之所以这样是因为有些人已经搬离但户籍依然在当地，因此出现缺口。本文在梳理相关数据过程中使用的是统计局常住人口的概念，因此，人口有所波动。根据户数和人口数我们计算得到了平均家庭人口变化的情况，由2005年到2012年，户均人口的变化与人口和家庭数量变化呈现相反的过程，即户均人口先降后升，再逐渐下降。2005年户均人口为3.48人；到2006年这一数字变为3.14人；在逐渐回升到2008年的3.47人后，从2009年开始再度缓慢下降；到2012年户均人口为3.29人（见图2—10）。户均人口的变化说明人口和家庭变化速度是不一样的，而且户数变化过程要明显快于人口变化过程。

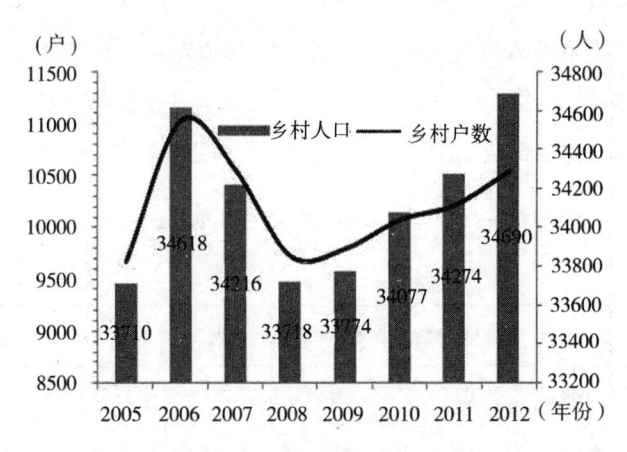

图2—9 2005—2012年出头岭镇家户与人口变化过程

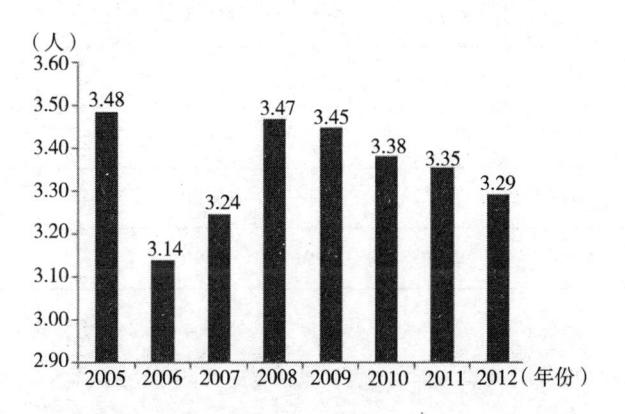

图2—10 2005—2012年出头岭镇户均人口变动过程

2. 人口结构变化趋势

看家户和人口结构，虽然农业户数和非农业户数都呈现逐渐下降的趋势，但农业户数占总户数的比重总体呈现逐渐下降趋势；而非农业户数占比总体呈现上升趋势。2006年，农业户占总户数比重为92.74%，相应的非农业户只占7.26%；到2012年农业户占比下降到85.79%，而非农业户占比则上升到14.21%，比2006年上升了近7个百分点。与农业户数与非农业户数的变化一致，农业人口与非农业人口变化更为明显，但其变化幅度比户数变化要小。其中，农业人口和非农业人口数量都呈现逐年上升的态势；而农业人口和非农业人口占比则呈现相反的变化过程。2006年农业人口为33663人，占总人口的97.24%，非农业人口为955人，占总人口的2.76%；到2011年农业人口为34144人，占总人口的95.14%，非农业人口为1746人，占总人口的4.86%，比2006年增加超过2个百分点（见表2—9）。

表2—9　　2006—2012年出头岭镇农业户与非农业户人口结构

（单位：户、人）

年份	总户数	农业户数	非农业户数	总人口	农业人口	非农业人口
2006	11041	10239	802	34618	33663	955
2007	10551	9786	765	34216	33173	1043
2008	9729	8935	794	33718	32592	1126
2009	9802	9165	637	33774	32516	1258
2010	10082	—	—	35809	34056	1753
2011	10222	—	—	35890	34144	1746
2012	10547	9048	1499	34690	—	—

注：由于统计口径经常发生变化，因此部分年份相关数据缺失，此外，2010年和2011年总人口及其划分是按照户籍人口而非常住人口。

另外，在出头岭镇常住人口中劳动年龄人口变化基本比较平稳，但依然呈现先降后升再下降的趋势，出现拐点的年份分别是 2008 年和 2012 年。2005 年劳动年龄人口为 15481 人，到 2008 年劳动年龄人口只有 15446 人；之后逐渐上升到 2011 年的 15988 人，2012 年再度下降为 15867 人。劳动年龄人口比重则呈现先降后升的趋势，2005 年劳动年龄人口占总人口的 45.92%，2006 年下降到 44.71% 的水平；之后逐渐上升到 2011 年 46.65% 的水平，2012 年再度下降到 45.74%。非劳动年龄人口基本上呈相反变化过程，其比重也相应变化（详见表 2—10）。需要指出的是，通过劳动年龄人口与非劳动年龄人口计算得到的抚养比，出头岭镇人口抚养比超过显然 100%，说明每一个劳动年龄人口要负担 1.2 个左右的非劳动年龄人口，而这一指标在全国不到 40%，2012 年只有 34.86%，也就是说将近 3 个劳动年龄人口负担 1 个非劳动年龄人口。由此可见，出头岭镇人口劳动力负担远高于全国水平，这就意味着即使是东部农村，特别是大城市周边农村劳动年龄人口相对于非劳动年龄人口来讲也是非常缺乏的。另外，从变化趋势看，2006 年以后出现的下降趋势到 2012 年再度反弹，也就是说在未来，这一情况会有所转机，实际上即使发生变化也依然远远高于全国水平。因此，改变东部地区人口结构，特别是人口年龄结构，调整人口政策势在必行。

表 2—10　　2005—2012 年出头岭镇总人口与人口年龄结构

单位：户、人、%

年份	总人口	劳动年龄人口 数量	劳动年龄人口 占比	非劳动年龄人口 数量	非劳动年龄人口 占比	人口抚养比 出头岭	人口抚养比 全国
2005	33710	15481	45.92	18229	54.08	117.75	38.81
2006	34618	15479	44.71	19139	55.29	123.64	38.27
2007	34216	15458	45.18	18758	54.82	121.35	37.87
2008	33718	15446	45.81	18272	54.19	118.30	37.36
2009	33774	15557	46.06	18217	53.94	117.10	36.89
2011	34274	15988	46.65	18286	53.35	114.37	34.35

续表

年份	总人口	劳动年龄人口		非劳动年龄人口		人口抚养比	
		数量	占比	数量	占比	出头岭	全国
2012	34690	15867	45.74	18823	54.26	118.63	34.86

注：此处2010年和2011年总人口使用的是常住人口的口径。

3. 人口迁移

从人口迁移情况看，人口迁移规模呈现下降的趋势，而且迁移方向也由县外逐渐向县内转移。2005年，迁出人口341人，占总人口的1.01%，其中迁移到县政府所在地的有9人，而迁移到县内小城镇的只有1人，其余331人都迁往县外，且以天津市区为主。2011年，迁出人口164人，下降到总人口的0.48%，但迁移到县政府所在地的达到19人，而迁移到县内小城镇的有33人，比2005年大幅提高。2012年，迁出人口比2011年略有上升，达到180人，占总人口的0.52%。不仅如此，从迁移去向看，迁出人口全部在县内迁移，且迁往小城镇的占多数，其中，有74人迁到县政府所在地，占迁移人口的41%；106人迁移到小城镇，占迁移人口的59%。

二 劳动力与就业结构变化趋势

1. 劳动力资源变化趋势

虽然出头岭镇人口数量变化近年来出现下降趋势，但该镇劳动力资源总量变化过程却呈现相反趋势。图2—11给出了劳动力资源与劳动力资源占人口比重的变化情况，均表现为先下降而后上升。2005年，全镇劳动力资源总量17055人，2006年下降到16828人，之后逐渐上升，2012年增长到18330人，比2005年增加了1275人，增长了7.48%；比2006年增加了1502人，增长8.93%。劳动力资源占总人口比重变化略有不同，虽然前期大幅下降，之后逐渐上升，这一过程与劳动力资源总量的变化一致，但2012年却出现了下降，这与总量变化不同。2005年，劳动力资源总量占总人口的50.59%；2006年最低，只占48.61；到2011年达到最高值为

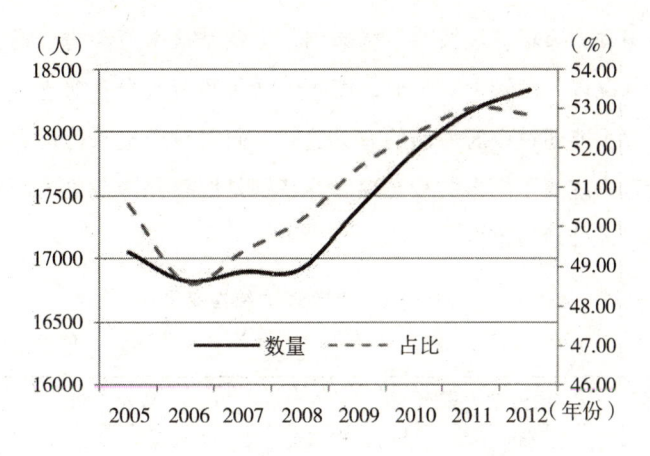

图 2—11　出头岭镇劳动力资源变化情况

53.01%；2012年又回落到52.84%。

2. 劳动力结构变化趋势

尽管劳动力资源数量在不断增加，但实际劳动力供给情况并不乐观。这是因为，劳动力资源中非劳动年龄人员比重快速上升，而劳动年龄人员比重却逐年下降。2005年，劳动力资源中适龄劳动力15481人，占劳动力资源总量的90.77%；2006年占比最高为91.98%，随后逐渐下降；到2012年适龄劳动力仅占劳动力资源总数的86.56%。相应地，非劳动年龄劳动力数量和比重都呈现逐渐上升的趋势。2005年，非劳动年龄劳动力1574人，占劳动力资源总数的9.23%；2006年下降到1349人，只占劳动力资源总数的8.02%，之后逐年上升；到2012年非劳动年龄劳动力2463人，占劳动力资源总数的13.44%，比2005年增加了近900人，占劳动力资源增加额的69.73%，比2006年增加超过1100人，占劳动力增加额的87.37%。这意味着，前面所看到的劳动力资源的增长主要是因为非劳动年龄劳动力进入劳动力市场所导致的，这反映了当前劳动力市场劳动力供给不足的现状，因此，大量非劳动年龄劳动力被吸引入劳动力市场。而从目前经济发展情况看，未来劳动力短缺的情况将进一步加剧，而且就东部而言一个较为有效的途径就是适当吸引非劳动年龄人口，特别是超龄人口从事力所能及的工作，改善劳动力资源不足的现状。但需要注意的是，吸引非劳动年龄劳动力进入劳动力市场应该按照市场原则，也就是根据劳动力市场上劳动力供求状况以及工资上升情况，使非劳动年龄劳动力自愿进入劳动力市场，而不能通过政府强制的方式进行，同时对于进入劳动力市场的超龄劳动力应给予更多的社会保障，特别是医疗保障制度的倾斜，以鼓励其进入劳动力市场。

表2—11　　　　　　2005—2012年劳动力结构变化

单位：人、%

年份	劳动力资源			从业人员		
	总量	劳动年龄比重	非劳动年龄比重	总量	劳动年龄比重	非劳动年龄比重
2005	17055	90.77	9.23	15916	93.23	6.77
2006	16828	91.98	8.02	15916	93.23	6.77
2007	16902	91.46	8.54	15924	92.29	7.71
2008	16921	91.28	8.72	15921	92.36	7.64
2009	17394	89.44	10.56	16035	91.82	8.18
2010	17843	88.98	11.02	16194	91.86	8.14
2011	18170	87.99	12.01	16414	92.53	7.47
2012	18330	86.56	13.44	16301	92.55	7.45

另外，劳动力资源总量与乡村从业人员之间也存在差异，也就是说出头岭镇的劳动力资源并非全部在该镇就业，而且在本镇就业比重近年来也呈现逐渐下降的趋势。2005年，本镇从业人员15916人，占劳动力资源总数的93.32%；2006年，本镇从业人员依然是15916人，但由于劳动力资源总数的下降，导致本镇从业人员占劳动力资源总数的比重迅速上升到94.58%，之后逐渐下降；到2012年只占劳动力资源总数的88.93%。此外，从年龄结构看，乡村从业人员适龄劳动力比重明显高于劳动力资源总数中适龄劳动力比重，基本维持在92%以上，仅有2009年和2010年该比重低于92%，但依然在91.8%以上。之所以会出现这种差异，主要是因为出头岭镇以第一产业为主，而第一产业总体上说是重体力劳动，因此，只有体力较好的适龄劳动力才能从事这一产业。所以，乡村从业人员中适龄劳动力比重要高于劳动力资

源总数中适龄劳动力的比重。这也说明，要吸引非劳动年龄劳动力，应该发展非农产业，特别是第三产业，否则很难为超龄劳动力提供适当的岗位，也就不可能将超龄劳动力重新吸引回劳动力市场。

3. 三次产业劳动力就业结构变化

图2—12给出了2005—2012年出头岭镇从业人员三次产业就业的变化情况。从中可以看出，第一产业是该镇就业的最主要渠道，几乎一直占该镇从业人员的60%以上。从变化趋势看，出现了先下降后上升的趋势。2005年，第一产业就业人员为9981人；2007年则减少到9488人，随后逐渐上升；到2012年第一产业就业人数达到10061人。由于农业机械化和现代农业技术的应用，农业吸纳就业无论是绝对数量还是相对数量都应该呈现逐渐下降的趋势，但该镇近年来不降反升的现象说明该镇农业正在逐渐摆脱传统种植业的发展模式，向新的服务于大城市的现代农业转型，而这恰恰需要劳动力的不断投入，也意味着农业尚有较为广阔的空间需要进一步开发。第二产业就业呈现缓慢上升的态势，但总体看波动不大。实际上，第二产业的发展也与第一产业密切相关，出头岭镇第二产业主要是服务于第一产业的，如有机肥和食品加工等。与第一、第二产业就业人数逐渐上升的趋势相反，出头岭镇第三产业就业绝对数量和相对数量出现了双下降的现象。2005年，该镇第三产业吸纳就业2411人，占从业人员的15.15%；到2012年第三产业就业下降到2210人，占从业人员的13.56%。

在三次产业中，各行业分布也不一致，但总体上看与上文分析2012年的情况基本相似，如表2—12所示。其中，第一产业以种植业为主，这主要是因为种植业作为现代设施农业的代表，而林业、畜牧和渔业是近年发展较快的行业，因此，在2012年第一产业就业结构中种植业占95.25%，因此，我们有理由相信2012年以前该镇第一产业一定以种植业就业为主。第二产业中，制造业是吸纳就业最多的行业，几乎一半以上第二产业就业在该行业。其次是建筑业，也吸纳了第二产业接近一半的就业。制造业和建筑业两个行业几乎

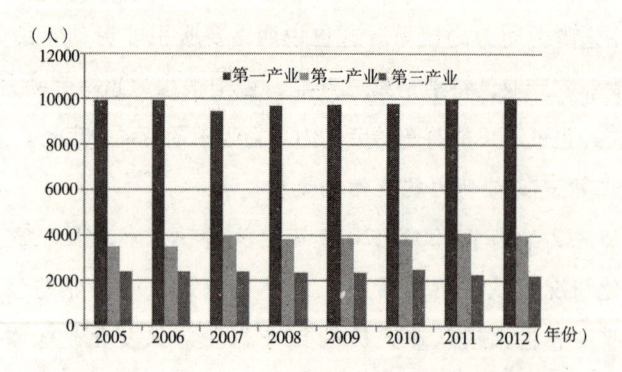

图 2—12　2005—2012 年出头岭镇三次产业就业情况

占据了第二产业的所有就业，而且依然有上升的趋势。2005 年，二者合计占第二产业就业的 98.63%；到 2012 年二者合计占第二产业就业的 99.33%。第三产业中，批发零售是第一大吸纳就业的行业；其次是交通运输业；居民服务业在绝大多数年份中排第三位，但 2012 年被排在第四的住宿餐饮业所超过。具体来看，批发零售业虽然是第三产业中吸纳就业最多的行业，但近年来其就业情况也出现了双下降的趋势，2005 年批发零售业就业 1088 人，占 45.13%；到 2012 年则下降到 939 人，仅占 42.49%。交通运输业则出现就业总量波动，占比不断上升的态势，2005 年交通运输业就业人员 679 人，占 28.16%；到 2012 年就业 659 人，占 29.82%；最高的 2010 年 800 人，占 31.56%，而最低的 2008 年只有 641 人，占 26.99%。与批发零售业和交通运输业相比，居民服务业和住宿餐饮业就业相对较少。其中，居民服务业呈现逐渐下降的趋势，就业最高的 2007 年只有 423 人，占第三产业就业的 17.46%，最低 2012 年只有 241 人，占 10.90%；相反，住宿餐饮业则呈现不断上升的趋势，2005 年只有 102 人在住宿餐饮业就业，仅占第三产业的 4.23%，到 2012 年该行业就业人数达到 247 人，占第三产业就业的 11.18%，比 2005 年翻一番多，超过居民服务业成为该镇第三产业中第三大行业。第三产业结构变化，说明第三产业整体在变化，传统行业逐渐萎缩，而现代物流和旅游业支撑的住宿餐饮发展迅速。

表 2—12　　　　2005—2012 年劳动力产业结构变化

单位：人，%

年份	第二产业	制造业	建筑业	第三产业	批发零售	交通运输	居民服务	住宿餐饮
2005	3524	51.16	47.47	2411	45.13	28.16	15.76	4.23
2006	3524	51.16	47.47	2411	45.13	28.16	15.76	4.23
2007	4013	50.16	48.24	2423	44.53	27.61	17.46	4.42
2008	3824	50.31	47.86	2375	45.81	26.99	16.51	4.93
2009	3884	49.46	49.38	2361	44.85	28.12	17.37	5.29
2010	3829	52.02	45.31	2535	36.88	31.56	12.82	9.47
2011	4125	50.69	48.90	2269	40.11	30.98	13.13	10.62
2012	4030	51.14	48.19	2210	42.49	29.82	10.90	11.18

附录表 2—1　　田新庄、小汪庄、朱官屯三村家庭代际与年龄情况

单位：户、岁

年龄结构	29以下	30—39	40—49	50—59	60以上	家庭合计	户主平均年龄
田新庄							
一代1人		3	3	11	72	89	69.30
一代2人	2	10	12	34	96	154	60.66
二代2人	2	3	9	6	9	29	51.45
二代3人	1	42	49	31	18	141	46.72
二代4人		25	69	17	3	114	44.39
二代5人			9	6		15	48.93
二代6人					2	2	55.00
三代3人				1		1	54.00
三代4人		1	7	8	5	21	52.62
三代5人		1	10	9	9	29	54.45
三代6人			2	4	2	8	54.88
三代7人					1	1	63.00
小汪庄							
一代1人	1		2	3	16	22	64.32

续表

年龄结构	29以下	30—39	40—49	50—59	60以上	家庭合计	户主平均年龄
一代2人			2	10	28	40	65.70
二代2人		2	2	6	4	15	49.40
二代3人	1	11	22	29	12	75	49.61
二代4人		7	36	20	3	66	47.67
二代5人		1	1	5	1	8	53.25
三代3人			1	2		3	50.67
三代4人		3	4	9	8	24	53.88
三代5人			12	12	10	34	57.15
三代6人			4	11	16	31	60.19
三代7人				1	2	3	64.67
三代8人				1		1	59.00
四代6人				4		4	56.75
四代7人			1	4	2	7	58.43
四代10人					1	1	62.00
朱官屯							
一代1人				8	21	29	67.93
一代2人	1	1	2	33	54	91	62.75
二代2人	2	5	3	2	2	14	42.57
二代3人	6	30	18	23	17	94	45.52
二代4人		23	38	14	2	77	43.97
二代5人		2	3	3	2	10	50.60
二代6人				1	1	2	62.00
二代7人				1	1	2	59.50
三代3人				1	2	3	61.67
三代4人		2	6	3	9	20	54.10
三代5人		2	24	16	6	48	50.63
三代6人		2	11	6	7	26	52.50

续表

年龄结构	29以下	30—39	40—49	50—59	60以上	家庭合计	户主平均年龄
三代7人		1	2	1	2	6	49.83
四代5人				1	2	3	56.67
四代7人				1		1	58.00
四代8人				3		3	56.00

附录表2—2　出头岭镇各村从业人员行业结构

单位：人、%

村名	从业人员	种植业	制造	建筑	批发零售	交通运输
合计	16301	58.79	12.64	11.91	5.76	4.04
出头岭	870	60.46	13.79	14.94	2.30	3.45
西代甲庄	586	74.06	12.46	8.87	1.02	2.05
东店子	750	68.27	5.33	8.67	4.00	2.67
东小李庄	149	57.05	14.77	13.42	4.70	2.01
孟各庄	400	65.25	8.75	7.50	3.75	6.25
朱官屯	930	81.18	6.45	5.48	1.29	1.61
东陈各庄	600	79.50	2.17	7.00	3.67	5.33
五清庄	96	54.17	6.25	20.83	4.17	10.42
中峪	460	76.74	4.35	8.70	2.17	4.35
东官屯	190	73.16	2.63	12.11	2.11	7.89
小安平	200	42.00	17.00	23.50	9.00	7.50
大安平	310	48.39	11.29	14.52	6.77	1.61
三屯	457	75.05	4.38	6.56	8.75	3.50
官场	460	54.13	13.04	10.43	4.35	5.87
小汪庄	600	61.17	9.00	16.67	2.00	1.67
东李各庄	302	49.01	16.56	16.56	3.64	9.93
大汪庄	305	64.92	6.56	19.67	0.00	1.97
西梁各庄	620	63.55	24.19	8.06	0.48	3.23
大稻地	1300	57.54	13.85	11.54	3.08	1.54

续表

村名	从业人员	种植业	制造	建筑	批发零售	交通运输
东刘庄	248	54.84	11.29	18.95	10.08	1.21
擂鼓台	560	69.29	7.14	14.29	1.43	3.39
小稻地	735	50.61	10.88	12.93	8.16	7.89
夏立庄	460	66.96	12.17	6.52	6.52	6.52
何家堡	360	60.56	19.44	5.56	6.11	5.28
景各庄	246	67.48	5.69	7.72	2.03	12.20
小赵各庄	120	41.67	15.00	16.67	2.50	4.17
大赵各庄	265	60.38	15.09	7.55	11.32	1.89
裴各庄	240	57.08	8.33	6.25	4.17	6.67
王新房	180	53.33	22.22	10.00	5.56	5.56
田新庄	880	7.61	27.27	27.27	25.00	5.68
闻马庄	630	46.03	14.29	4.76	22.22	3.17
南河	910	37.36	25.27	16.48	6.59	2.20
孟官屯	300	67.67	7.33	16.67	3.33	3.33
北汪家庄	260	65.00	19.23	11.54	0.38	1.15
北擂鼓台	87	44.83	12.64	17.24	5.75	11.49

附录表2—3　2005—2012年出头岭镇三次产业就业结构

单位：人、%

年份	从业人员	第一产业	第二产业	第三产业
2005	15916	62.71	22.14	15.15
2006	15916	62.71	22.14	15.15
2007	15924	59.58	25.20	15.22
2008	15921	61.06	24.02	14.92
2009	16035	61.05	24.22	14.72
2010	16194	60.70	23.64	15.65
2011	16414	61.05	25.13	13.82
2012	16301	61.72	24.72	13.56

第三章

三次产业发展

受地处于桥水库库区地理限制，为保护库区水源，出头岭镇第二产业发展受到严重制约，到2012年第二产业增加值为16742万元，仅为三次产业增加值总和的20%，比第一产业只高出4个百分点；第三产业占比达到64%，占据该镇国民经济的主体地位。而同期，全国的三次产业结构是第一产业10.1%，第二产业45.3%，第三产业44.6%；天津市全市三次产业结构分别是第一产业1.3%，第二产业51.7%，第三产业47%。显然，出头岭镇三次产业结构无论与全国的发展情况，还是天津市的发展情况相比，都有鲜明特点，即第一产业比重明显高，第二产业比重明显低。与三次产业结构相匹配的是三次产业就业结构，2012年，第一、二、三产业就业人数占总就业人数的比重分别为61.72%、24.72%和13.56%。出头岭镇这种三次产业发展结构既是该镇在地理位置的条件制约下发展的结果，也与该镇准确定位，积极调整产业结构密切相关。具体来讲就是，以服务周边大城市生活需求为着力点，发展特色农业。

第一节 三次产业结构发展状况

一 出头岭镇国民经济发展总体情况

1. 经济总产值及其结构

如图3—1所示，从2004年到2011年[①]间，出头岭镇三次产业总产值虽然经历了2006年的一次较大波动，但其总体不断增长的趋势并没有改变，特别是2010年以后，增长呈现加速发展的态势。具体来看，2004年全镇三次产业总产值为115244万元；2005年增加到145290万元，比2004年增长了26%。2006年三次产业总产值急剧下降到82530万元，究其原因是第二产业大幅度下降的结果，据统计，第二产业总产值比2005年减少超过40000万元，而第二产业的萎缩则是当年建筑业产值为零的结果。这与当年经济总体增长较快，国家出台一系列调控政策，暂停了建设贷款密切相关。随后，经济形势不断调整，第二产业恢复增长态势，三次产业总产值也再次出现快速上涨，到2011年三次产业总产值达到269930万元，比2004年增长了134%，年均增长超过17%。由此可见，从2004—2011年间出头岭镇国民经济快速发展。而其中，增长最快的要数第一产业，7年间增长了260%；其次是第三产业，增长了203%，第二产业发展最慢，只增长了105%。三次产业发展速度差异的直接结果就是，三次产业结构发生了变化。其中，第一产业总产值逐渐上升，从2004年的不足9%，上升到2011年的13.4%，增加了4.4个百分点，最高的2006年曾达到16%；第三产业则由2004年的15%，上升到2011年的19.88%，增加了4.88个百分点；相应的第二产业总产值占比则呈现波动中下降的趋势，由2004年的75.9%下降到2011年的66.7%，下降了9个百分点。

---

① 调研时2012年总产值数据尚未汇总出来。

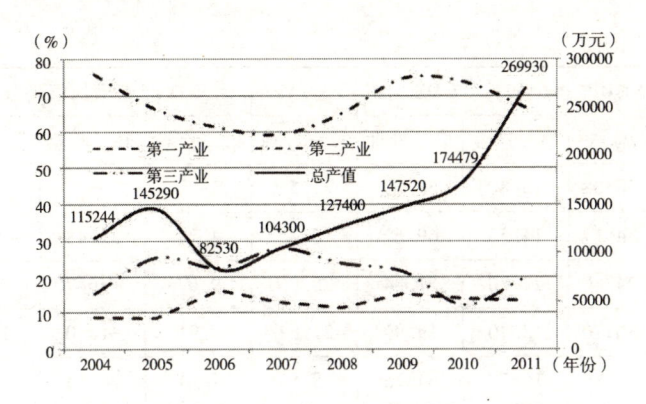

图 3—1 2004—2011 年出头岭镇总产值及其结构

2. 经济增加值及其结构

与总产值相似，出头岭镇国内生产总值的变化也在 2006 年出现波动后恢复增长态势，2010 年以后快速增长。具体来看（如表 3—1 所示），2004 年 GDP 总量 30308 万元；到 2012 年增长到 84170 万元，增长了 177%，年均增长率超过 15%。其中，增长最快的是第三产业，2004 年第三产业增加值只有 6520 万元，到 2012 年增长到 54189 万元，增加了 7.3 倍，年均增长率达到 33.88%，远超过 GDP 增长速度；排在第二位的是第一产业，其增加值由 2004 年的 4788 万元，增加到 2012 年的 13239 万元，增长超过 176%，年均增长率达到 15.86%，略超过 GDP 增长速度；第二产业不但没有发展反而出现了萎缩，2004 年第二产业增加值为 19000 万元，到 2012 年则为 16742 万元，仅相当于 2004 年的 88%，8 年间第二产业不但没有增加，反而减少 2258 万元。实际上，第二产业不增反降，除了 2006 年的波动外，主要是由于 2011—2012 年加大水源保护，调整一些不达标企业造成的。因此，我们在数据上可以看到 2011—2012 年第二产业增加值都出现了较大幅度负增长，其中 2011 年比 2010 年下降了 37%；2012 年又比 2011 年下降了将近 30%。

表 3—1 　　　　2004—2012 年出头岭镇 GDP 及其三次产业结构

单位：万元、%

年份	GDP 总量	GDP 构成 第一产业	第二产业	第三产业	三次产业增加值增长率 第一产业	第二产业	第三产业
2004	30308	15.80	62.69	21.51	—	—	—
2005	34517	14.53	69.62	15.85	4.74	26.48	-16.10
2006	24710	22.26	51.84	25.90	9.67	-46.70	17.00
2007	30170	18.40	59.99	21.61	0.91	41.30	1.88
2008	35483	16.77	64.35	18.89	7.21	26.14	2.78
2009	45680	17.29	63.55	19.15	32.77	27.15	30.58
2010	59875	14.36	63.16	22.48	8.86	30.26	53.83
2011	69709	21.52	34.03	44.45	74.43	-37.27	130.22
2012	84170	15.73	19.89	64.38	-11.75	-29.42	74.87
平均	—	17.41	54.35	28.25	15.86	4.74	36.88

　　三次产业增加值增长速度的不同也导致三次产业结构出现了较大变化，而且与总产值相比在 2010 年以后出现了质的变化。具体看，三次产业增加值的结构变化大体经历了 2004—2010 年和 2011—2012 年两个阶段。在第一阶段，第二产业虽然有波动，但其占 GDP 比重一直在 50% 以上，排在第一位；然而，2011 年以后其位置被第三产业所取代，第二产业占 GDP 的比重下降到 34.03%，2012 年进一步下降到不足 20%。与第二产业变化相反的是，第三产业占 GOP 的比重在第一阶段一直在 20% 左右波动，而 2011 年反超第二产业成为 GDP 中最重要的行业，占比达到 44.45%，2012 年进一步上升到 64.38%，彻底取代第二产业。第一产业增加值占比的变化也与总产值占比变化不同。如上所述，第一产业总产值占比基本上呈现逐渐上升的态势，但第一产业增加值的变化基本上呈现波动状态，单从 2004 年和 2012 年比较看，基本上没什么变化。平均来看，第一产业增加值在 2004—2012 年间占

GDP 总量的比重为 17%，也与 2004 年和 2012 年的值比较接近。所以，虽然第一产业增加值在 2004—2012 年之间有较大水平的提高，但实际上其在该镇 GDP 中比重并没有发生变化。也就是说，第一产业的增长与该镇经济总体增长基本一致。

3. 经济总体效益的变化：总产值与增加值的差异变化

三次产业增加值与总产值之间的差异是不同产业生产周期的结果，也就是中间产品多少的结果。由于中间产品占用大量物资和资金，又不能直接满足最终消费需要，一般要求尽可能降低其在整个社会产品中的比重。因此，用中间产品的多少可以衡量产业效益的情况，也就是说，在投入都一样的情况下，中间产品越多实际效益就越差。用这一工具我们来评价出头岭镇三次产业的效益情况变化，就可以解释为什么该镇总产值第二产业最高，但增加值却在近两年由第三产业代替第二产业排在第一位了。表 3—2 给出了 2004—2011 年三次产业中间产品价值及其占总产值比重的变化情况。从中可以看出，与总产值和增加值一样，中间产品总价值也呈现逐年上升的态势，但与第一、二、三次产业各自的总产值相比，三次产业却呈现不同的变化过程。其中，第一产业中间产品价值占总产值比重在 2004 年以后基本上比较稳定，一直维持在 59% 左右；2009 年和 2010 年接近 65%。第二产业中间产品价值占其总产值比重从 2004 年以后基本上呈现逐渐下降的趋势，但总体上处于较高水平，一直在 70% 以上，而且 2011 年提高到将近 87% 的水平。第三产业波动较大，而且近几年以来，呈现快速下降的趋势。具体来看，除了 2010 年和 2011 年这两年以外，其余各年与第二产业相当，较第一产业高出很多；但 2010 年和 2011 年大幅度下降到 40% 左右，远小于第一产业。虽然，三次产业中间产品价值占总产值的比重与其生产特征相关，但该比重的变化则说明该产业生产效益的演变情况。由此我们可以得出这样的结论，2004 年以后第一产业生产效益基本上比较稳定，投入略大于产出；第二产业前期下降趋势明显，效益大幅度提高，但近年来却出现较大幅度反弹；第三产业在近两年则恰恰相反,效益大幅度提高,成为三次产业中投入产出最高的产业。

表3—2　　　　2004—2011年出头岭镇中间产品及其产业结构

单位:万元、%

年份	中间产品价值			中间产品价值占总产值比重		
	第一产业	第二产业	第三产业	第一产业	第二产业	第三产业
2004	5281	68475	11180	52.45	78.28	63.16
2005	7335	72158	31280	59.39	75.02	85.12
2006	8000	37660	12160	59.26	74.62	65.52
2007	7950	43700	22480	58.89	70.71	77.52
2008	8450	59968	23499	58.68	72.43	77.81
2009	14500	81270	22900	64.73	73.68	72.35
2010	15900	90904	7800	64.90	70.62	36.69
2011	21259	156280	22682	58.63	86.82	42.26

二　第一产业及其结构

由上可知,尽管无论从总产值还是增加值的角度看,第一产业都不是出头岭镇产值最高的部门,但与全国以及天津市产业结构来相比,出头岭镇的第一产业都明显较高,且结构不断改善。表3—3给出了第一产业结构的变化情况。从中可以发现,在总产值中农业、畜牧业和渔业基本上呈现三足鼎立的局面,林业虽然也有,但占比一直在1%—2%之间。其中,农业波动较大,2004年占总产值的38.44%,之后逐渐下降,到2009年下降到不足第一产业总产值的25%,之后再次上升到2011年的46.00%。农业的这一变化,一方面得益于该镇种植业经过近10年的调整逐渐摆脱粮食种植的束缚,走出一条适合本镇发展的种植业结构的路径;另一方面得益于近年来农产品价格上涨,使得农业,特别是种植业总产值快速上涨。2009年种植业总产值只有5310万元,而到2011年种植业总产值达到11980万元,比2009年增长1倍多。畜牧业总产值基本上呈现不断下降的趋势，从2004年的占第一产业42.51%，其间经过波动，到2011年仅占第一产业总产值的25.33%。畜牧业总产值占比的下降主要是近年来畜产品价格波动较大，特别是猪肉价格的大幅度波动导致，2005年生猪出栏56298头，2011年仅出栏26110头，下降了一半多。渔业总产值的变化则与水产品价格上升与养殖效益提高密切相关。在2005年以后渔业养殖面积有所下降，但鱼的产量在2009年以后迅速上升。从增加值看，第一产业增加值逐年上升。其中，农业增加值由2502万元上升到6901万元；畜牧业增加值从1331万元上升到3800万元；渔业则从903万元上升到4100万元。增长速度最快的是渔业，增加超过3.5倍；其次是林业，增长了近3倍；畜牧业增长排在第三位，2011年是2004年的2.85倍；农业排在最后，仅增长1.75倍。尽管，农业增长速度最慢，但到2011年依然占据第一产业增加值总额46%的份额，渔业排在第二位，占27.33%；畜牧业排在第三位，占25.33%；林业虽然增长较快，但其比重较小，只占1.33%。林业的发展主要受防护林保护影响，发展缓慢。下一章，将对第一产业发展转型进行详细描述与分析，为节省篇幅本章不对第一产业各行业的情况做进一步分析。另外，由表3—3我们还可以知道，畜牧业和渔业的增加值比重与其总产值比重存在明显偏差。产生这种偏差的主要原因在于，与农业相比，畜牧业和渔业的工业化程度更高，投入也更高，因此，其增加值比重远低于其总产值比重。

表3—3　　2004—2011年出头岭镇第一产业结构变化过程

单位：万元、%

年份 \ 总产值	第一产业	农业	林业	畜牧业	渔业
2004	16847	38.44	0.57	42.51	18.48
2005	22400	24.87	1.03	43.30	30.80
2006	24500	26.33	2.04	38.78	32.86
2007	36260	34.42	1.13	32.46	31.99

续表

年份＼总产值	第一产业	农业	林业	畜牧业	渔业
2008	4788	52.26	1.08	27.80	18.87
2009	7900	47.97	1.39	29.11	21.52
2010	8600	51.98	1.28	25.58	21.16
2011	15001	46.00	1.33	25.33	27.33

三 第二产业及其结构

图3—2给出了出头岭镇第二产业在2004—2012年总产值和增加值的变化情况。结合上文，虽然第二产业并不是出头岭镇三次产业中最重要的产业，但其发展速度依然很快。其中，总产值在2004年只有87475万元，2011年增长到180000万元，7年中增长了105.77%，虽然经历了2005年到2006年的较大波动，年均增长率依然达到15.52%。第二产业增加值的变化与总产值的变化一致，但速度比总产值要小很多。2004年第二产业增加值19000万元，到2011年增长到23720万元，比2004年仅增长了24.8%，年均增长率为9.62%；而同期全国的第二产业增加值增长率11.51%，远高于出头岭镇第二产业增加值的增长率。出头岭镇第二产业增加值增长速度比较慢，主要是2006年、2011年以及2012年的连续负增长，如上文所分析，一方面是因为宏观经济政策的结果；另一方面则是当地经济结构转型的结果，当然这也与出头岭镇地处水源地于桥水库，第二产业发展受限密切相关。

从第二产业结构看，农村工业一直是第二产业的绝对主体，农村建筑业发展总体滞后，如表3—4所示。在总产值中，农村工业一直占第二产业总产值的90%以上，农村建筑业总产值比重则只有5%左右。就增加值而言，农村工业增加值占比除了2004年和2011年以外的6年间也维持在90%以上，农村建筑业则不到8%。这一结构与全国水平基本一致，但农村建筑业明显低于全国水平，2004年到2011年全国的农村建筑业增加值占第二产业增加值比重一直在10%以上，而且呈现逐渐提高的趋势，这与近年来房地产发展密切相关。可以预见的是，随着新型城镇化的不

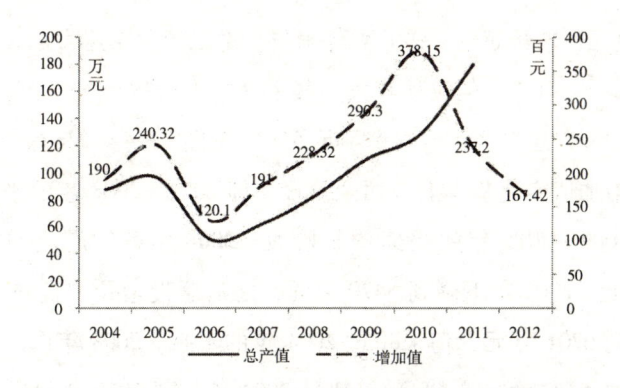

图 3—2 2004—2012 年出头岭镇第二产业
总产值与增加值变化情况

断发展，出头岭镇农村建筑业也将会有一个较快的增长过程，而对环境要求的不断提高会使得农村工业发展进一步受限。

表 3—4　　　2004—2012 年出头岭镇第二产业结构

单位：万元、%

年份	总产值 合计	农村工业	农村建筑业	年份	增加值 合计	农村工业	农村建筑业
2004	87475	92.00	8.00	2004	19000	86.84	13.16
2005	96190	95.44	4.56	2005	24032	95.21	4.79
2006	50470	100.00	0.00	2006	12810	92.51	7.49
2007	61800	100.00	0.00	2007	18100	93.92	6.08
2008	82800	100.00	0.00	2008	22832	94.74	5.26
2009	110300	96.46	3.54	2009	29030	94.49	5.51
2010	128719	94.41	5.59	2010	37815	92.07	7.93
2011	180000	95.28	4.72	2011	23720	87.35	12.65
2012	—	—	—	2012	16742	—	—

四　第三产业及其结构

如上文所述，第三产业在近年来成为替代第二产业对出头岭镇 GDP 贡献最大的产业。与第二产业相似，第三产业在 2006 年也经历了较大波动，随后虽有所恢复，但直到 2011 年才有了较快发展。如图 3—3 所示，2004 年第三产业总产值 17700 万元；2011 年达到

53670万元，增长超过2倍。总体来看，第三产业快速发展，年均增长率达到34.71%，但波动较大，其中最高增长率超过152%，最低接近-50%，还有两年增长率不足5%（见图3—4）。与总产值变化不同，增加值变化基本上分两个阶段，即2004—2008年的平稳增长阶段；2009—2012年的快速增长阶段。2004年第三产业增加值为7900万元，2005年下降到5470万元，之后缓慢增长，直到2008年才恢复到6701万元，仍未超过2004年的水平。2008年以后，第三产业增加值快速增长；2009年超过2004年；到2012年增加值总额达到54189万元，是2004年的6.86倍。从速度看，不算2005年的大幅度下跌，2006—2008年年均增长率只有7.22%；而2009—2012年则以超过70%的年均增长速度增长（如图3—4所示）。

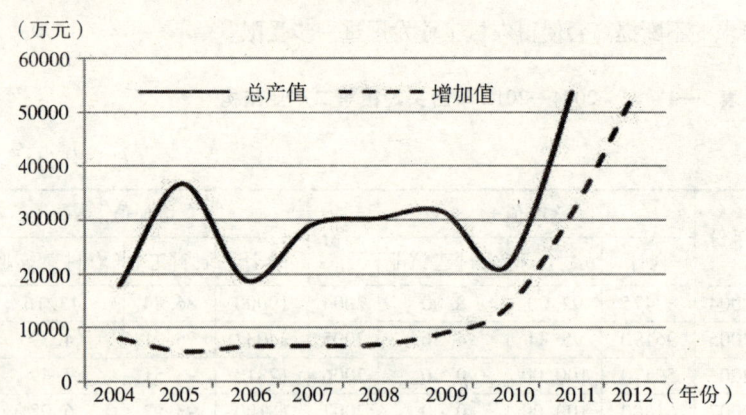

图3—3　第三产业总产值与增加值变化情况

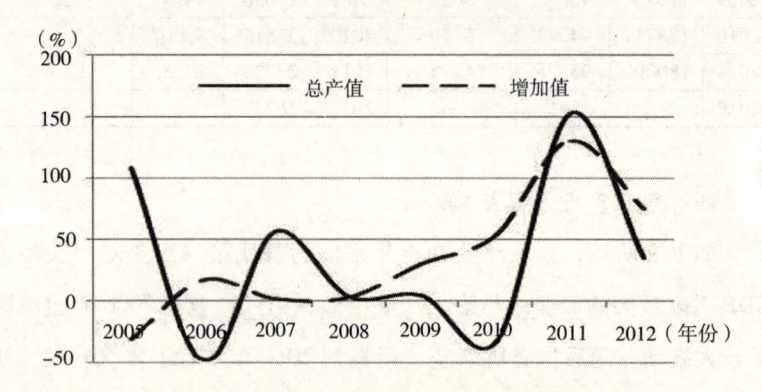

图3—4　第三产业总产值和增加值增长率

第三产业的波动与其产业结构的变化有一定的关系，表3—5给出了该镇2004—2012年第三产业总产值与增加值及其结构的变化情况。在第三产业总产值中，从2004—2009年间，批发贸易业几乎一直占据着绝对主要的地位，最高的2006年全年第三产业总产值全部来自批发贸易业；而2007—2009年批发贸易业产值占第三产业总产值的70%以上。然而，2010年以后，多元化趋势越来越明显，交通运输、餐饮等逐渐取代了批发贸易的地位。2011年餐饮业总产值占比达到41.64%，比2004年提高了5.61个百分点；交通运输业占比由2004年的16.95%增加到2011年的30.93%，比2004年提高了14个百分点。与总产值结构略有不同，增加值中交通运输业总体呈现上升趋势；批发贸易业则呈现先升后降趋势；而餐饮业则经历了先降后升的过程。其中，交通运输业增加值占比的变化与第三产业增加值总额的变化基本一致，2004—2009年一直维持在17%左右，而2010年以后则快速增长，到2011年交通运输业增加值占比达到34.5%，比2004年增加了18个百分点。2004年批发贸易业占第三产业增加值比重为43.04%，到2006年增加值占比达到最高的54.69%，之后逐渐下降，到2010年以后快速下降，到2011年下降到35.81%，比2004年下降超过7个百分点，比2006年下降超过19个百分点。虽然，批发贸易业占比依然高于其他行业，但按当前速度发展，其被交通运输业超过是必然的。餐饮业的发展相对于交通运输业和批发贸易业来讲较慢，且经历过程与批发贸易业相反，呈现先降后升的过程，到2011年餐饮业增加值占比为25.75%，虽然依然低于2004年的比重，但已经高于其后的任何一年。总体上看，第三产业结构呈现多元化发展态势，其中交通运输业、批发贸易业以及餐饮业发展较为均衡、此消彼长。

表 3—5　　2004—2012 年出头岭镇第三产业结构

单位：年、万元、%

总产值	合计	交通运输业	批发贸易业	餐饮业	其他服务业
2004	17700	16.95	48.02	35.03	0.00
2005	36750	4.19	42.75	53.06	0.00
2006	18560	0.00	100.00	0.00	0.00
2007	29000	12.07	75.86	10.34	1.72
2008	30200	13.25	74.83	10.26	1.66
2009	31650	15.80	72.67	10.11	1.42
2010	21260	19.29	38.57	37.44	4.70
2011	53670	30.93	25.15	41.64	2.27
增加值	合计	交通运输业	批发贸易业	餐饮业	其他服务业
2004	7900	16.46	43.04	31.65	8.86
2005	5470	16.64	53.93	24.68	4.75
2006	6400	17.19	54.69	22.66	5.47
2007	6520	17.64	53.83	22.39	6.13
2008	6701	17.91	53.72	22.38	5.98
2009	8750	17.71	53.14	22.29	6.86
2010	13460	23.03	45.32	24.22	7.43
2011	30988	34.50	35.81	25.75	3.94
2012	54189	—	—	—	—

第二节　第二产业发展与转型的典型案例

　　第二产业主要包括工业和建筑业，其中建筑业主要受经济发展阶段影响，产业周期较为明显；而工业除了受产业发展阶段影响外，更多的受制于当地的要素资源，因此，每一个地区的工业发展情况都有其自身的特点。具体到出头岭镇，由于受到地理区位的制约，不能发展污染严重的工业，所以，其工业长期以轻工业中的加工制造业为主。其中，传统工业以服装加工企业为主，兼涉五金加工等行业；现代工业则主要是第一产业产业链的延伸，如有机肥的加工生产，农产品包装、加工等。

一 传统工业的发展

1. 服装加工业的发展：以天津市蓟县官场衬衣有限公司为例

出头岭镇服装加工业历史较为长远，从改革开放之初就有集体企业从事服装加工。目前，全镇各类服装加工企业达到37家，如天津市中化三维制衣厂、天津市森菩制衣有限公司、天津三星盛制衣有限公司等，但在众多的服装加工企业中具有带头作用的是该镇的天津市蓟县官场衬衣有限公司。在官场衬衣有限公司的带领下，该镇从事服装加工的工人达到2600多人，年增加农民服务性收入3900万元。该公司始建于1979年，1980年正式投产，距今已有30多年的历史。官场衬衣有限公司占地27000平方米，建筑面积达到10000平方米，公司现有资产2400万元，所有设备都是日产重机牌，包括高速平缝机、锁眼机、订扣机、三针机、四针机、双针机、大轴机、木耳边机、领尖定型机等，还配有日产验针机、验布机、吸线头机、匦扣机、扦边机、圈领机、圆头锁眼机、断布机等。公司现有职工500名，16条生产线，月生产能力15万—18万件，年生产能力200万件，主要生产男女休闲衬衣、女装等产品。产品以外销为主，主要销往美国、日本、德国、韩国、澳大利亚、中国香港等国家和地区。为了促进企业发展，逐渐摆脱加工生产获利微薄的现实，公司开始尝试自主设计生产、销售，并已注册自主品牌"艾丝秀影"女装。

图3—5 官场衬衣有限公司缝制车间工作场景

公司成立30多年来经营状况良好，曾被评为市级先进企业、市级管理优秀企业和重合同守信誉企业等，连续8年被评为蓟县工业企业三十强和纳税大户，公司有自营出口权，与科倍企业发展（上海）有限公司、北京中纺国际服装有限公司、天津服装进出口股份有限公司、天津天服三悦服装有限公司有业务往来并通过TARGET、KOHL'S、BELK、Kiabi等品牌验厂工作。

图3—6 官场衬衣有限公司获得的部分荣誉

30多年来，公司虽然经历了波动，但总体上稳定发展的态势从未改变。之所以能够持续发展，主要取决于两个方面：其一，公司具有严格的质量管理体系和措施，并成立了产品检验中心，保障产品质量。长期以来产品合格率达到98%以上，为公司赢得了众多客户的信赖。其二，公司对内部管理人员和普通员工进行较为充分的激励。

其中，严格的质量管理体系包括两个方面：第一，对个人的责任，特别是对车间管理人员以及相应生产工序的管理人员的责任进行规定；第二，对生产流程进行详细规定。专栏一和专栏二分别给出了"各车间管理人员职责"、"缝制生产主任岗位责任制"的详细条目。从中可以发现，对于管理人员的职责详细，具有针对性、操作性，且语言通俗易懂。从内容看，管理人员不仅要负责生产管理以及日常管理，还要对工人进行专业指导。这就要求管理人员不仅要善于管理，更要精通生产技术业务。公司不仅有详细的规定，而且将这些规定放置在每个车间最为显眼的地方，便于相互监督。对生产流程，公司更是严格，如专栏三给出了"缝制检验规定"；专栏四给出了"工厂运作流程图"。"缝制检验规定"不仅规定了检验步骤、要求，更重要的是要找出不合规成品的原因并对工序进行重新设计或培训工人以避免不合规成品的重复出现。此外，对于公司运作流程、生产流程以及品控流程等都进行了详细的设计，并制作了流程图贴在每个车间，便于工人与管理者查阅。如专栏四所示的"工厂运作流程图"，对公司各部门的活动进行了详细规定，并明确了部门之间衔接的责任。由此可见，按照流程有条不紊地生产经营为企业提高产品质量提供了制度保障基础。

专栏一　各车间管理人员职责

每天早晨、中午上班第一件事先检查卫生，彻底擦干净投入生产，检查各班组出勤。如果有缺勤，落实为什么缺勤，落实完按单工件数要小组计划，紧跟着检查质量，每天各车间主任至少抽检质量一次，验活能发现每个班组存在的质量问题，及时改正，质量好了工人的干劲也高了，也能提高产量。

每天中午、晚上下班要求班组把地面卫生搞干净，下班时机头附近不能有产品，安全问题细致检查，车间主任连监督带检查后离岗。

每个班组投产新款，第一项任务计算时间，给出单序生产目标、分序，找出班组哪道工序有缺口，开动脑筋调整，把缺口及时补上。按生产下达的单工件数追产量，追产量的同时找巧妙办法。看每个员工活的摆放及手法，找出好的方法能节约时间。如果亏产了，亏在哪里，下不去活为什么？找出原因把亏产的问题解决掉。要想管理好就从一点一滴管起，自己的事情自己解决。科长监督督促与其他车间解决不了的问题，生产科长及时协调。

专栏二　缝制生产主任岗位责任制

1. 每天进厂后首先检查每台机械的清洁状况以及地面、环境卫生。

2. 及时了解每道工序的进度，定期召开组长会议，要求各组长合理地安排好工作流程，保质、保量地完成每个订单的生产任务，保证交期。

3. 对工人进行经常性的思想教育，表彰先进的班组和个人，鼓舞工人干劲，在提高生产效率的同时保障产品质量，把好每道工序，严格监督、认真负责争取少返工、不返工。

4. 下班后及时到各组检查电源是否关闭，机械是否按要求统一放置好并加以保护，还有熨斗开关是否关闭，待全部符合要求后才能离开车间。

5. 每天检查各组出勤情况，发现缺勤及时向组长了解，如无故缺勤严重时及时下去查找，保证生产工作顺利进行。

专栏三　缝制检验规定

1. 核对大货辅料是否与确认样相符合。

2. 对上线产品主要工序进行详细的检验，如针距、针步效果、手工工艺等。

3. 对半成品要及时地读两个部位的尺寸。

4. 对首批成品第一时间进行详细检验，尤其是尺寸的度量；不洗水单：每色每码4件，分别量。

5. 烫前烫后尺寸。水洗单：每色每码4件，分别量洗前/洗后/烫后。如有尺寸问题，必须第一时间通知技术部门和裁剪车间，对纸样加以调整修改。

6. 了解并监督车间生产的进度以确保货期的准时性。

7. 对发生的任何异常情况必须第一时间通知直属上司（要用FAX或E－mail，如非常紧急可先口头通知，但事后仍要补回FAX或E－mail）。

8. 对难点工序和技术，做出小样挂在操作人旁边参照操作，以保证质量。

9. 小组的组检对首拨要全面细致的检查，100%的质量规格，迅速发现问题。

10. 组检对小组每天下来的产品100%检验，对不合格的产品及时找到操作者本人修理，并进行指导。

11. 对待检品、合格品、不良品要分别存放。

12. 小组长在顺序时必须做到交代好每一道工序，指导操作人员完全明白要点，能正确操作为止，并随时检查重点工序是否按工艺操作，避免有疏漏。

专栏四　工厂运作流程图

严格的产品生产管理体系与生产流程作为保障产品质量的外在制度是必要的，但更重要的应该是设计一套与员工以及管

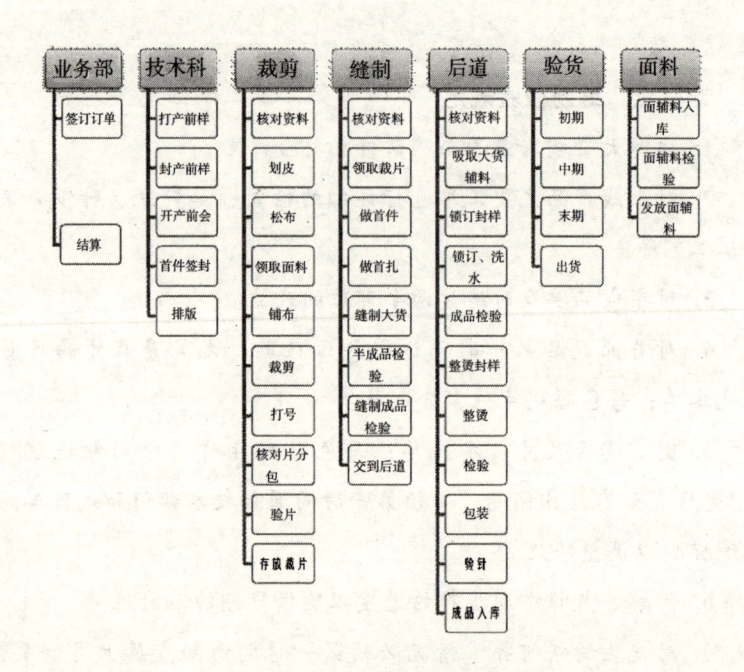

```
业务部    技术科    裁剪      缝制      后道      验货      面料
│         │         │         │         │         │         │
签订订单  打产前样  核对资料  核对资料  核对资料  初期      面辅料入库
│         │         │         │         │         │         │
结算      封产前样  划皮      领取裁片  吸取大货辅料  中期   面辅料检验
          │         │         │         │         │         │
          开产前会  松布      做首件    锁订封样  末期      发放面辅料
          │         │         │         │         │
          首件签封  领取面料  做首扎    锁订、洗水  出货
          │         │         │         │
          排版      铺布      缝制大货  成品检验
                    │         │         │
                    裁剪      半成品检验 整烫封样
                    │         │         │
                    打号      缝制成品检验 整烫
                    │         │         │
                    核对片分包 交到后道  检验
                    │                   │
                    验片                包装
                    │                   │
                    存放裁片            登封
                                        │
                                        成品入库
```

图 3—7　工厂运作流程图

理人员行为一致的激励制度，即激励相容的制度。所谓激励相容，就是在存在道德风险的情况下，如何保证拥有信息优势的一方（称为代理人）按照契约的另一方（委托人）的意愿行动，从而使双方都能趋向于效用最大化。也就是说，没有人可以通过损害集体利益去实现自己利益的最大化。个人的利益和集体的利益是一致的，每个人努力为实现自己利益的目标工作，得到的结果也是集体利益的最大化。同时还可以最大限度地降低监督成本。在这一方面，官场衬衣有限公司从员工和管理层两个方面分别进行激励。其中，对管理层的激励主要是通过股权激励实现，目前已经实现股权与管理层充分结合。该公司已通过股份制改造，但依然是集体企业。股份制改造后，出头岭镇政府占有公司51%的股权，其余49%的股权由企业中层管理者所有，管理层最高可获得企业5%的股权。这种股权结构保证了企业管理层的稳定性。目前企业总经理已经服务企业30多年。对于普通员工的激励主要体现在员工手册第二、五、

七章中。其中，第二章为员工福利；第五章为工资、津贴、加班和奖金制度；第七章为员工发展。下面详细介绍这三章。

专栏五　员工手册

第二章　员工福利

1. 社会保险

在公司工作能够连续的工作者，公司会为其购买养老保险和团体工伤意外险。

2. 津贴与补贴

公司会根据员工的工作情况，适当给予津贴和补贴。

3. 劳保、防护用品

公司会每月为全部员工发放洗衣粉、卫生纸，会为部分特种员工发放与其工种相适应的防护用品。

第五章　工资、津贴、加班和奖金制度

1. 工资和津贴

● 公司于每月18日发给员工上一个月的工资和津贴，并按政府规定代扣个人所得税、社会统筹养老保险的个人缴纳部分，工资和津贴包括：工资、岗位技能津贴。

● 公司将根据经济效益和员工的工作表现，在每年年初调整（增加或减少）员工的工资和津贴。

● 工资是以个人基建的方法计算，在每月18日以现金的形式发放。

2. 加班

有以下情形之一的，用人单位应按照下列标准支付高于劳动者正常工作时间的工资报酬：

● 安排劳动者延长工作时间的，支付不低于工资的150%的工资报酬。

● 休息日安排劳动者工作又不能安排补休的，支付不低于工资200%的劳动报酬。

● 法定休假日安排劳动者工作的，支付不低于工资的 300% 的工资报酬。

● 公司在年度结算后，根据经济效益和员工在一年中的表现给予奖金。

第七章 员工的发展

1. 在职培训

● 为提高每个员工的工作效率和工作效果，公司鼓励每个员工参加与公司业务有关的培训课程，并建立培训记录。这些记录将作为对员工的工作能力评估的一部分。

● 公司在安排员工接受公司出资的培训时，可根据劳动合同与员工签订培训期间的工资待遇、培训时期等事项。

2. 内部竞聘

3. 晋升机会

● 公司的政策和惯例是尽可能地从公司内部提拔晋升公司的中层管理干部，以增强管理干部和公司员工的责任。

上述三章给出了员工在公司工作期间的报酬、发展以及晋升的激励措施，显然这种制度设计是将员工个人利益与公司发展紧密结合在一起的。需要说明的是第二章中社会保险等内容的规定对于城市正规企业来讲不但没有什么突出的地方，反而还欠缺了很多，但是对于农村绝大多数企业来讲这种制度已经是相当多的了。因为，乡村大量私营企业都不签订用工合同，工人除了工资以及加班费以外几乎没有任何社会保障。因此，官场衬衣有限公司相对于其他服装加工厂具有更强的吸引力，工人队伍相对稳定，这就为生产产品质量提供了有利的人力保障。实际上，在员工手册中除了以上三章直接关系员工利益的条款外，官场衬衣有限公司还对休假种类和假期待遇进行了明确规定。此外，针对服装加工企业女性工人较多的特点，官场衬衣有限公司员工手册特别将"反歧视、虐待、性骚扰"作为第六章进行详细规定，最大限度地保障女性职工的合法权益以及人身安全。这些制度都为员工提供了充分的激励，保证工人能够长期稳定地在企业工作，也为企业发展提供了稳定的技术工人。为企业发展奠定了坚实的基础。

目前，企业面临的最大问题是工人工资升幅过快，工人工资2500—3000元/月，由于企业工人技术水平较高，目前订单并没有减少，但一些简单加工订单已经转移到越南等国。

2. 五金制造业与化学制剂业

除了服装加工业以外，出头岭镇也发展了一些五金制造业与化学制剂业，这些企业往往受限于该镇地理位置，发展成达标企业。主要的企业包括：天津市双盛化学助剂工贸有限公司、天津市汇鑫铁粉精选厂、天津市蓟县大汪庄电镀厂（天津瑞特亨五金工具有限公司）等。

天津市蓟县大汪庄电镀厂兴建于1973年，占地12亩，建筑面积2500平方米，拥有固定资产120万元，企业有工人60名，其中技术人员10名。主要业务包括碱性镀锌、酸性钾盐镀锌、挂镀碱铜、亮铜、亮镍、亮铬及硬铬、滚镀锌及滚镀镍等，镀件规格由标准件到1吨以下异型键，汽车配件、家具框架、健身器材器械、五金工具等。2007年，出头岭镇招商引资，吸引进业集团投资改组大汪庄电镀厂；2012年正式成立天津瑞特亨五金工具有限公司。之所以引入进业集团，主要是出于加强环境保护的目的，通过引入先进的生物净化技术，降低电镀等对环境的破坏。进业集团是专门从事手动工具及电动工具附件生产销售的外商独资企业。产品90%以上出口北美、欧洲、亚洲等多个地区。自1996年成立进业（天津）轻工制品有限公司以来；2004年成立进业（沧州）轻工制品有限公司；2009年成立多佩丝（天津）工具有限公司；2012年成立天津瑞特亨五金工具有限公司。合并后的天津瑞特亨五金工具有限公司总投资超过3000万元，产品也由电镀转向五金工具、专业套筒组、专业螺丝刀组。当前，产品远销欧洲、加拿大、美国、中国台湾、中国香港等国家和地区。

天津市双盛化学助剂工贸有限公司成立于2003年，占地面积17亩，注册资本150万元，固定资产400余万元。2004年1月一期工程正式投产，专业从事水煤浆添加剂产品的生产和后续产品的研发。水煤浆添加剂是一类表面活性物质，能够使煤粒子在水中稳定、均匀地分散，是制备水煤浆不可缺少的化学助剂。公司现在定型生产的添加剂品种有SS-1、SS-2等系列产品，均为分散剂型，可满足于国内大部分煤种制浆的技术性要求。具有对煤种适应性强、用量少、分散性好和对制浆工艺条件适应性好、促进煤的二次充分燃烧、提高能源利用率等优点。同时能根据客户的制浆工艺要求和不同原料煤开发生产不同系列的添加剂。该公司制成的水煤浆浓度高、成本低、稳定性好。该公司现有生产设备3套，并配有相关实验室和仪器，有员工18人，其中各类管理人员和科研人员8人，此外，为了实现企业制剂质量和生产安全，企业还聘请了6位高级顾问，包括业内知名专家、国家级大型水煤浆应用示范工程的技术领导。企业生产能力达到液体药剂15000吨或固体药剂7500吨。产品主要销往山东、沈阳、山西、新疆等煤炭资源丰富的省份和地区。

除了这两个规模较大的企业外，出头岭镇还有成立于2007年，占地5亩，主要生产打包机、剪切机、破碎机和打纸机等产品的天津鑫泉液压科技有限公司。2006年成立的占地5亩，有汽油、柴油增效剂、柴油防凝剂、润滑油、防冻液等产品线的天津百年润滑油工贸有限公司。

二 向第一产业延伸发展

除了上述服装加工和五金加工外，近年来一些传统加工业逐渐向第一产业延伸，生产加工第一产业生产销售过程中的包装产品、饲料等，也有近几年随着绿色农业的发展应运而生的有机肥料加工等企业。具体企业包括天津盛春达科技开发有限公司、天津蓟县津东包装制品厂、天津飞龙包装制品工贸公司、天津瑞源有机肥有限公司、天津北方峪江菌业有限公司等。

1. 直接延伸——第一产业企业化

天津北方峪江菌业有限公司前身为创建于2001年的天津市峪江菌业有限公司，2005年变更法人和营业执照，并更名为天津北方峪江菌业有限公司。经过几年的发展，该企业由创办之初只有食用菌种植基地2000平方米，发展到5万平方米，占地1000多亩，温室大棚500多个，年产总量为300万包，产量520多吨，利税600多万元的集加工、销售及科研、技术咨询与技术培训等多业务为一体的企业。不仅如此，为了提高食用菌养殖技术，企业不断进行技术改造和创新，并依托天津师范大学生物学院，创办研发中心，目前有科研队伍12人，管理人员5人，技术工人28人，已经成为华北地区著名的食用菌基地。

2. 产后服务——包装制品

出头岭镇的第一产业以外销为主，需要进行包装，在此基础上当地的一些企业在原有业务基础上，逐渐适应该镇的发展形势开发新产品满足第一产业外销需要。以天津飞龙包装制品工贸有限公司为例，该企业成立于1993年，成立至今主要营销进口及国产的"马口铁"，生产产品则以皇冠瓶盖、旋开瓶盖以及铝制防盗瓶盖为主。可以根据啤酒、白酒、饮料等厂家的需求，生产相应的瓶盖。目前，产品销售全国20多个省、市、自治区。2003年企业注册资本达到200万元，职工30多名，为了适应出头岭镇经济社会发展，除了瓶盖这一传统产品外，飞龙包装又开展塑料制品、塑料发泡网套及细丝网套等。这些塑料包装制品能防止水果的挤压，玻璃瓶、瓷瓶的碰撞，商标的磨损等，同时为以上的商品起到装饰、美化、保护的作用。

除了飞龙包装外，出头岭镇朱官屯村还有1998年创建的天津市蓟县津东包装制品厂。该厂生产的产品主要为瓦楞纸箱，为出头岭镇水果、食用菌的生产与外销提供包装制品。目前，该厂注册资

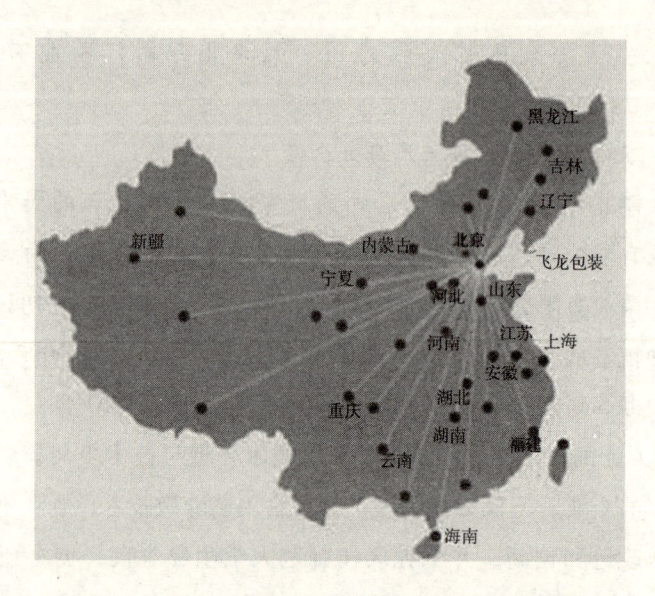

图3—8　天津飞龙包装制品工贸有限公司销售网络

本150万元，固定资产50万元，拥有生产设备50台（套），工人20多名，年产值超过500万元，销售收入430万元，利税25万元。产品除了供应本镇外，更销往北京、天津、辽宁、内蒙古以及河北等省、市、自治区。

3. 产前与产中服务——有机肥生产

与第一产业结合更为密切的是产前与产中服务项目——有机肥生产。天津瑞源有机肥有限公司成立于2012年，占地15亩，生产各种有机肥。截至2013年7月，已经生产数千吨有机肥，短期目标是年产达到1万吨。据介绍，瑞源有机肥有限公司前身是由镇政府投资1000多万元兴建的有机肥生产厂，但自2004年投产以来，基本上一直在亏损。亏损原因主要源于两个方面：第一，设备运转成本高。建厂之初，政府引进兴建了大型发酵、烘干设备，这些设备能耗较高，造成有机肥成本高、价格高、销售不畅。第二，产品市场相对狭小。建厂之初，因为有机农业、绿色农业以及无公害农业才刚刚起步，市场需求较小，再加之成本高所以销售不好。近年来虽然市场不断扩大，但成本过高依然是企业运转的最大障碍。

2011年，镇政府决定将该厂转让给当地能人田永富①。转让后，2012年成立天津瑞源有机肥有限公司，公司先后投入400多万元用于技术改造，降低了生产成本，雇用工人30多人。目前，虽然还在探索中，但生产的有机肥供不应求，价格为4000元/吨，比普通化肥略高。可用于无公害蔬菜种植，当前在该镇主要应用于无公害韭菜的种植，其余主要销往天津大港，陕西渭南，河北乐亭县、玉田县等。可以预见，随着企业逐渐步入正轨，产量必然逐渐扩大，这也将进一步促进出头岭镇无公害蔬菜种植的发展。

图3—9　田永富向课题组介绍有机肥生产销售情况

三　进一步发展方向

随着出头岭镇将第一产业确定为本镇的核心产业，第二产业的发展必然进一步围绕第一产业发展。从该镇的招商重点项目看，农产品深加工是该镇的重点招商项目。从当前该镇的第一产业发展情况看，应该重点发展食用菌、干鲜果品的深加工，也可以对养殖业（如淡水鱼等水产品）进行深加工，延长第一产业的产业链，增加

---

①　田永富，当地养殖能人，拥有500多亩无公害韭菜种植基地，同时经营100多亩鱼塘，出鱼量达到每亩水面年产7万多斤，而当地较好水产养殖户的产量每年每亩水面在3万—4万斤之间。

附加值，提升第一产业的创收能力。除了第一产业外，还应该利用当地得天独厚的自然资源，发展相关产业。据勘测，出头岭镇地下矿泉水资源储量丰富，达到100亿立方米。而且，经鉴定地下矿泉水各项理化指标均达到国家饮用天然矿泉水国家标准。因此，开发地下矿泉水是该镇今后发展的又一个良好项目。此外，根据当前传统加工工业的发展情况，该镇还积极打造了淋河工业园，主要引进机械制造企业和无污染企业；并利用在遵化市石门镇的500亩飞地，以现有铁粉精选企业为载体，引进与其相关的大型生产企业。此外，为了配合第三产业，特别是现代旅游业的发展，出头岭镇还可以为旅游产业定制相关的工业产品，以寻求新的增长点。总之，在该镇未来第二产业的发展中，必然会形成以服务第一产业发展为龙头，支撑第三产业发展的第二产业发展路径。

第三节　第三产业发展类型及其转型

第三产业主要是服务业，根据国家统计局在1985年《关于建立第三产业统计的报告》中，将第三产业分为四个层次：第一个层次是流通部门，包括交通运输业、邮电通讯业、商业饮食业、物资供销和仓储业；第二个层次是为生产和生活服务的部门，包括金融业、保险业、公用事业、居民服务业、旅游业、咨询信息服务业和各类技术服务业等；第三个层次是为提高科学文化水平和居民素质服务的部门，包括教育、文化、广播电视事业，科研事业，生活福利事业等；第四个层次是为社会公共需要服务的部门，包括国家机关、社会团体以及军队和警察等。一般来讲，经济领域的第三产业主要包括前两个层次。从这个划分来看，出头岭镇第三产业依然属于第一层次的传统服务业，即批发贸易业、交通运输业和餐饮业比较发达。随着第一产业的进一步发展，以及近年来旅游产业的发展，出头岭镇利用自然资源与历史氛围正在打造自身的旅游资源，并开始了有益的尝试。而旅游业的发展势必会带动该镇传统服务业的升级，从而拉动第三产业向现代服务业转型。

一 传统产业发展：依托第一产业打造商业街

如第一节所述，近两年第三产业在出头岭镇的发展已经超过第二产业和第一产业，成为对该镇 GDP 贡献最大的产业。然而，从第三产业结构来看，依然属于较为传统的结构，新兴服务业发展滞后。在第三产业中，排在前三位的分别是批发贸易业、交通运输业和餐饮业，2011 年三者合计占第三产业增加值的 96% 以上。之所以出现这种结构，主要是该镇以种植和养殖为核心的第一产业发展较为迅速，每到收获季节，食用菌、干鲜果品以及淡水鱼等的批发贸易成为该镇的一大特色，由此带动了交通运输业和餐饮业的发展。如兴建占地 42 亩的出头岭镇食用菌专业批发市场，进一步带动食用菌产业发展。

除了批发贸易外，出头岭镇的商业活动是比较陈旧的。20 世纪 90 年代，供销合作社商店转制承包经营。在此基础上，出头岭大街逐渐发展成商业一条街，经营生产资料、生活资料以及服装业。但实际上，这条商业街主要以小商店为主，设施陈旧。为了改善出头岭镇商业氛围，2012 年，镇政府投资 50 万元成功打造诚祥商业街，对原出头岭大街进行提升改造，实现大街亮化、美化，为商家入驻和居民购物提供优美环境。此外，镇政府计划继续投资 100 万元，做好诚祥商业街的二期工程，继续拓展商业街范围。目前，该商业街有各类商户 420 家，包括日日兴、世纪华联等大型超市。预计项目建成后，可创造社会效益 200 万元，年交易额达到 4 亿元。

二 服务第一产业发展高端服务业

由第一节可以知道出头岭镇第一层次的服务业较为发达，但第二层次发展非常滞后。实际上，即便是第一层次，出头岭镇也还处于较低层次，如交通运输业比较发达，但代表现代物流的仓储业却非常滞后，相应的金融、保险、咨询、技术服务以及旅游业等代表现代高端服务业的业态或者还未发展起来，或者还处于较原始状态，因此，出头岭镇下一步发展第三产业就必须通过向高端服务业转型来提升整体竞争力。从目前的现实情况看，可以着手的是围绕现代农业展开的高端服务业，同时依据自身优势发展旅游产业。从出头岭镇现实出发，最容易发展的是干鲜果品以及食用菌的储藏，储藏的食用菌可以错峰销售，从而提升商品价格，提高农民收入。不仅如此，已经有食用菌种植户开始尝试。如白灵菇种植带头人刘泽华带动周边地区包括河北省玉田、兴隆等地建白灵菇种植基地，形成了产业化种植生产后，开始围绕蘑菇开拓业务，如育菌苗、收购储存、代售等。按照刘泽华的说法，"我把挣的钱都投到了蘑菇产业链的营销中，通过建冷库把村民栽种的蘑菇都收来储存，留到天暖以后再卖个好价钱。"

与工业生产不同，农业生产一般来讲周期较长，且受自然影响较大，同时生产周期长导致了市场价格波动的风险较大。为此，市场经济环境下出于平抑农业生产所面临风险的要求衍生出了两种制度安排：其一，农业保险制度，即平抑生产风险；其二，期货市场，即平抑市场风险。从目前出头岭镇第一产业生产情况看，发展农业保险，降低农户生产经营中的风险，提升农民收入是当前平抑风险的可行性措施。需要指出的是，农业保险往往带有扶持农业发展的性质，因此属于政策性保险范畴。根据农业种类不同，一般分为种植业保险和养殖业保险。种植业保险，是指对农林作物等在生长过程中遇到自然灾害、意外事故以及病虫害等所造成的损失进行保险。根据出头岭镇的具体情况，种植业保险可以发展：一，林业保险，以天然林场和人工林场为承保对象；二，经济林、园林苗圃保险，即以生长中的各种经济林，包括苗木、干鲜果品作为承保对象的保险；三，经济作物保险，以食用菌、无公害蔬菜等作为承保对象。养殖业保险，即对承保对象在饲养使役期，因牲畜疾病或自然灾害和意外事故造成的死亡、伤残以及因流行病而强制屠宰、掩埋所造成的经济损失进行保险。根据出头岭镇具体情况可分为：一、牲畜保险，主要以乳用、肉用、种用的大牲畜，如以奶牛、肉牛为承保对象；二、家畜、家禽保险，即以猪、羊等家畜和鸡、鸭、鹅等家禽为承保对象；水产养殖保险，即以淡水鱼为承保对象。由于农业保险带有政策性，因此，不仅需要调动农户的积极性，还要调动保险机构的积极性，更应该发挥政府政策引导。

除了上述高端服务业外，出头岭镇还应发展农业技术服务以及市场开拓培训等方面的第三产业。尽管，出头岭镇在食用菌等特色农业的生产过程中，广泛开展了技术合作，但大多数是以政府和高等院校以及科研院所合作的形式进行的。但需要指出的是，这种形式的合作往往也带有政策性特征，并非市场行为，因此往往以单个项目方式开展，时间短、项目少，不利于技术服务的持续性和连续性。因此，应该发展技术服务市场，初期可以采取政府扶植的形式，其后应按照市场原则进行。

三　积极培育旅游产业

出头岭镇地处京、津远郊，紧临清东陵和燕山山脉，又有于桥水库（翠屏湖）相伴，山清水秀，具有较好的自然资源和市场需求。不仅如此，蓟县原为古蓟州，历史悠久，具有较好的历史文化古迹基础。因此，发展旅游业对于出头岭镇来讲并不是特别困难的事情，只要进行开发就可以成为旅游度假胜地。从目前该镇的总体规划看，主要是依托第一产业和自然景观开发旅游产业，打造"一湖、二园、一庄"。

1. 依托自然资源发展旅游业

出头岭镇依山傍水，自然风景秀丽，围绕翠屏湖和五清庄北山，东西呼应，打造"一湖、一庄"休闲度假风景区。其中，"一湖"就是以翠屏湖自然景观为核心，依托翠屏湖天然资源和丰富的渔业资源建设"渔村乐"和"千亩荷花池"优美风景区。翠屏湖风景区空气清新，风景秀丽，有万碧波和15公里秀美围堤，堤外是万亩鱼塘，湖面渔船荡漾，水鸟翱翔，堤旁可供千人野外垂钓。围绕翠屏湖该镇力图打造"住星级渔家、钓荷塘鲫鱼，当一天渔夫，赏翠屏湖美景"等特色水上娱乐项目。深度开发夏立庄旅游项目，夏立庄风景区占地1800亩，湿地面积600亩，水域面积1000亩，旧村址100亩，是非常适合休闲度假的场所。所谓"一庄"就是围绕五清庄北山进行开发，打造"吃有机水果、住星级木屋、观翠屏湖全景"的特色旅游。目前纳入规划的是以五清庄为主开发山地旅游风景区。该景区集自然景观和历史遗迹于一身，占地5000亩，其中山场林地面积3000亩，果树面积2000亩，登高远眺，向北可观览清东陵，向南可领略美丽的翠屏湖，山前还有清代官墓遗址。此外，景区植被茂盛，空气清新，有天然氧吧之称。据观测，该风景区空气中负氧离子浓度极高，达到每立方厘米1万个以上。目前已启动的五清庄生态旅游专业村建设，投资11万元，修环山路900米，浆砌泄水沟150米，建停车场300平方米。

2. 依托第一产业发展旅游业

第一产业健全且发达是出头岭镇产业特色，围绕第一产业开展城郊特色农业项目旅游，打造农家院、采摘园是该镇的又一大旅游项目。为此，该镇将大稻地、南河、五清庄、中峪以及裴各庄等村纳入规划开发"两园"项目。所谓"两园"，即果品采摘园和食用菌采摘园。实际上，除了这"两园"以外，根据游客数量还可以兼顾蔬菜采摘园以及垂钓园等集采摘餐饮于一身的游乐项目。例如，天津市蓟县渔源浩水产养殖场，在养殖淡水鱼的同时积极建造垂钓园项目，目前已经在其养殖水面上建起了优质的垂钓平台，并进一步兴建餐饮设施，准备将养殖和休闲旅游相结合。

图3—10　渔源浩水产养殖场鱼塘边建设的垂钓平台

为了促进旅游业的发展，在镇村两级大力扶植下，出头岭镇第一家"星级"农家院——盛喜山庄于2013年夏正式开业。该山庄位于裴各庄村，距清东陵只有几公里，南临水清鱼鲜，景色优美的翠屏湖。山庄为封闭的独栋小洋楼，总投资超过200万元，建筑面积700平方米，有房间26间，其中客房22间，餐厅2间，厨房1间，锅炉房1间。山庄环境幽雅，干净整洁，客房内设施齐全，在农家院中属于高档水平。虽然开业时间不长，但在大众点评网上，在蓟县度假村中已经排在第14位。游客"如影随你行"的评价是山庄"坐落在纯朴乡村的一座封闭小洋楼，出其不意，没想到，客房条件在农家院中已属非常好的，很有品位。饭菜很有农家特色，服务人员朴实厚道，值得体验！村庄中大多数家庭都种菜养鸡，全都是天然的，大多接受购买，很有机、很原生态"。

3. 依托历史文化发展旅游业

实际上，除了依托自然风景和现代农业发展旅游外，出头岭镇还可以依托其历史文化和多处历史遗迹开发文化旅游。第一，依据古遗迹挖掘旅游资源。出头岭镇历史悠久，有多个传说和多处历史遗迹可供开发。例如，东陈各庄曾发掘出距今3万年前的更新世晚期的齿象化石，伴随化石的还有古河道。据传，该河道为"运粮河"，从马各庄向东经东陈各庄，往西南至孟各庄南，往洋湖山。

相传，在疏浚"运粮河"工程时，曾有一官员侵吞河款，被朝廷查实后处决，葬于东陈各庄村北，并有地名"杀官坟"流传至今。中峪村有塔子山，山顶有用石头垒成的石塔一座。20世纪60年代末，石塔被拆除，之后每年10月之后的晚6点左右，塔子山山怀处会有一道亮光，如汽车灯般，每次持续1分钟左右。东官屯村西山下曾有一寺院，名为"千佛院"，相传是清代修建，归刘官屯、朱官屯、陈各庄、孟各庄、店子、小李庄、中峪、王官屯和五清庄9村共有。1949年，佛院被拆除，现仅存佛院遗址。小稻地村南300米，有战国和汉代遗址，面积3500平方米，文化层厚1.5米，地表散布有较多陶片，采集战国遗物有夹云母红陶釜、夹砂红陶罐、泥质灰陶盆、罐和豆残片；汉代遗物有泥质灰陶残片和绳纹砖等。2004年在此考古发现的商周时期遗物，面积达到3万平方米，文化层厚度超过1米，有大量商周时期陶器碎片。此外，该镇还有龙泉寺遗址、清代民居、古石桥、古槐树等分布在镇的四周，极具古代遗迹、传说旅游开发价值。

第二，出头岭镇是华北地区重要的抗战根据地，为开发红色旅游和建设革命教育基地提供了丰富的素材。抗日战争时期，出头岭镇涌现出许多可歌可泣的英雄事迹和英雄壮举。其中，大稻地伏击战被载入史册。该战斗发生在1942年7月4日，在大稻地村东太平桥八路军师三团三营七连、八连伏击了日军松甫威难大尉带领的两个班共30多名日军，虽然牺牲很大但全歼日军并缴获了轻机枪2挺、掷弹筒2个、步枪20余支、手枪4把、指挥军刀1把，12倍望远镜2个。为了防止日伪军的报复，大稻地军民进行了转移。即便如此，日伪军1000多人还是包围了大稻地，250多户2000多间民房被烧毁，杀害行动不便未及时转移的年迈老人3人，致使全村1500多人无家可归。此后，大稻地村被"围剿"、"扫荡"10余次，杀害回村打探消息的村民12人，打残26人。随后，当地流传着一首歌："大稻地、潘家峪，血海深仇洗不去……"除了大稻地外，为了更好地配合八路军反"扫荡"，在田各庄、小汪庄村也打了两次伏击战，重挫了日军的嚣张气焰，打死打伤日伪军100余人。为了更好地教育后人，在大稻地村中建起了一座抗日纪念碑，成为该镇各界进行爱国主义教育的基地。基于这些抗日史实和丰富的材料，可以开发红色旅游线路，建立教育基地，传承革命传统。

第三，利用当地近年来形成的风土人情吸引游客。如南擂鼓台村是远近闻名的长寿村，村中90岁以上的老人15位；80岁以上老人40多位。除了长寿，该村文化底蕴深厚，培养出了著名书画家、河北师范大学教授张富，此外还有本镇文化名人王维新等人。目前，该村正在筹办文化名人书画展，建设书画院和书画培训基地，打造文化村发展文化事业。除了长寿村南擂鼓台，该镇还有远近闻名的"百师村"——田新庄。北方网曾专门报道，该村仅有600余户村民，却出了109名教师，几乎每家每户都有，使该村成为名副其实的"百师村"。此外，还有其他特色村，如果将这些不断挖掘出来，一定会形成新的文化旅游项目。

第四章

第一产业：向现代农业转型

由于出头岭镇特殊的地理位置，第一产业是该镇主产业。第一产业中，种植业特别是粮食种植依然是该镇的主要种植品种；其次是林业。在畜牧业中，猪、牛、羊和家禽是主要养殖品种，而渔业由于靠近于桥水库近年来发展较快。尽管种植特别是粮食种植依然是第一产业的主业，但农民收入已经不是依赖粮食种植支撑，更多地依赖现代设施农业、林业和养殖业、渔业等的发展。

第一节 种植业与现代农业的发展

一 种植业现状

1. 耕地情况

出头岭镇农地分为常用耕地，即农民可以自由选择作物品种耕种，既可以种植粮食，也可以种植经济作物的耕地；粮占耕地，即只能用于粮食作物耕种的耕地；菜占耕地，即用于种植蔬菜的耕地；温室大中小棚，这些地属于设施农业，即现代农业的范畴。2012年，该镇四类耕地的面积分别为27702亩、20387亩、1192亩和1521亩，分别占55%、40%、2%和3%。其中，常用耕地又分为水浇地、旱地和水田三类，分别为26697亩、

945亩和100亩，分别占常用耕地总面积的96.23%、3.41%和0.36%（见图4—1和图4—2）。需要指出的是，除了正常的耕地外，出头岭镇还有库区地①15512亩，相当于耕地总面积的30.53%。库区地并不属于出头岭镇，其所有权在库区，平时可以由农民耕作。之所以产生库区地，主要是因为库区承担着蓄水、防洪的功能，因此，在一般情况下会有大量土地可以耕作，但在丰水期，这些点下地就会被库区淹没。另外，在建设库区时，向当地农民征用了大量土地，因此，获取库区地耕种权的往往是当年出让了土地的村子。另外，需要注意的是，为了保护水源，耕种点下地在农药、化肥等的使用上受到很多限制。如果将这五类耕地计算在内，出头岭镇实际耕种土地66314亩，人均耕地1.91亩；扣除库区地外，人均耕地1.46亩。②

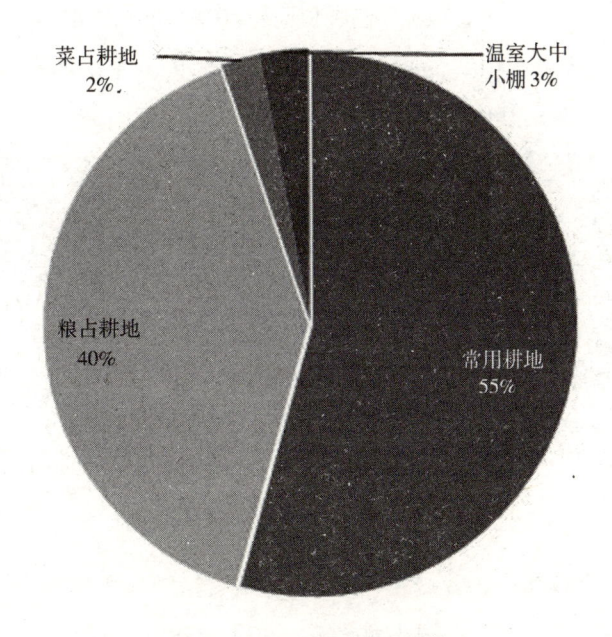

图4—1 出头岭镇农地结构

---

① 当地人将库区地称为点下地，即水位点以下的耕地。
② 人均耕地按照常住人口计算。

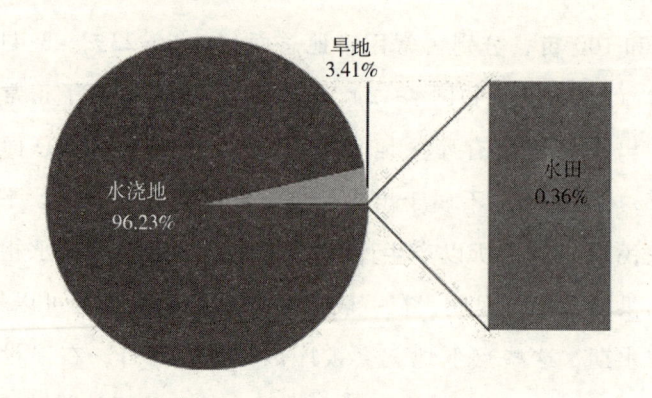

图4—2 出头岭镇常用耕地结构

2. 农作物播种情况

从耕种作物看，主要包括粮食作物、花生、蔬菜、瓜类四大类，而粮食作物又包括谷物、大豆和薯类三类，另外，谷物又包括稻谷、小麦、玉米、谷子、高粱和其他谷物等6种作物。2012年，实际播种面积66524亩，其中，粮食作物种植面积60152亩，占实际播种面积的90.42%；花生3500亩，占5.26%；蔬菜1729亩，占2.60%；瓜类480亩，占0.72%；其他作物663亩，占1.00%（如图4—3所示）。

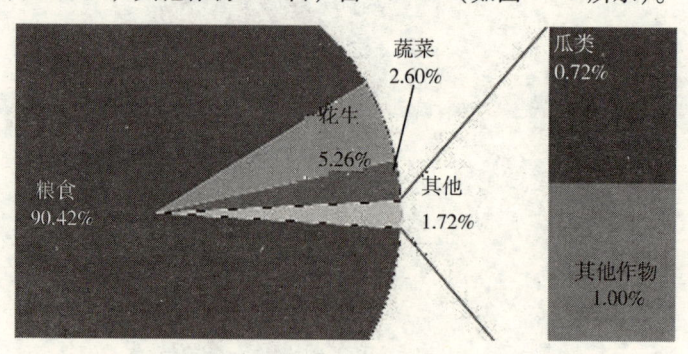

图4—3 2012年出头岭镇耕种结构

在粮食作物中，谷物59505亩，占粮食播种面积的98.92%；大豆240亩，占0.40%；薯类407亩，占0.68%。而在谷物的种植情况见图4—4所示。其中，稻谷种植面积为940亩，占粮食播种面积的1.58%；小麦种植面积为26400亩，占44.37%；玉米种植面积为32135亩，占54%；谷子种植面积只有30亩，占0.05%。另外，薯类主要指甘薯和马铃薯，2012年实际分别为120亩和287亩，分别占薯类播种面积的29.48%和70.52%；瓜类主要包括西瓜和甜瓜两种，分别播种了400亩和80亩，分别占83.33%和16.67%。在蔬菜的播种中，成规模的主要包括食用菌、韭菜、南瓜、大白菜、西红柿和芹菜6种。其中，食用菌播种1360亩，占蔬菜播种面积的78.66%；韭菜210亩，占12.15%；南瓜89亩，占5.15%；大白菜30亩，占1.74%；西红柿25亩，占1.45%；芹菜15亩，占0.87%（见图4—5）。需要指出的是，马铃薯被计算在谷物的薯类之中，而没有在蔬菜中重复计算。另外，在上面提到的663亩其他农作物主要是花卉和苗木，其中花卉10亩，各类苗木653亩。

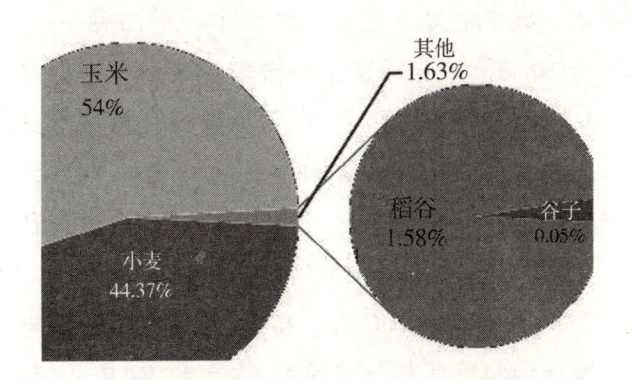

图4—4 2012年出头岭镇谷物种植情况

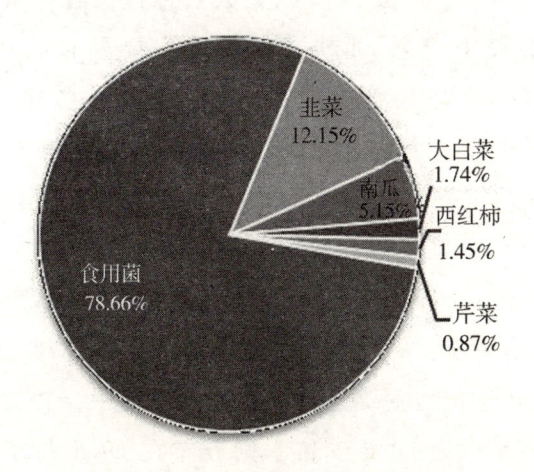

图4—5 2012年出头岭镇蔬菜播种情况

由上可知，在出头岭镇农作物种植中，粮食特别是玉米和小麦占绝对优势，这主要因为出头岭镇有大量的粮占耕地，必须耕种粮食作物；在蔬菜中，食用菌是最主要的种植品种；瓜类中，西瓜种植面积较多；花生也作为主要的经济作物大面积种植；而在其他作物中，苗木较花卉种植面积要大很多。

不同作物的分布也不相同，其中粮食作物分布较为广泛，但蔬菜和苗木等的种植分布则差异较大，其中，大多数村只种植一种蔬菜，而这之中食用菌的分布最为广泛。在36个行政村中，有23个村种植食用菌，其中有15个村子只种植了食用菌；而在13个未种植食用菌的村子中，有12个村子没有种植蔬菜，剩下的夏立庄也只种植了一个品种——大白菜，播种面积为10亩。其余的蔬菜分布较为集中，大白菜除了夏立庄外，只有西代甲庄种植了20亩。南瓜种植虽然分布在出头岭、西代甲庄、朱官屯、东陈各庄和中峪5个村，但仅朱官屯一个村的播种面积就达到61亩，接近整个南瓜种植面积的69%。种植韭菜的村子有小稻地和安屯两个村，但在210亩韭菜中，小稻地种植200亩，超过95%。西红柿集中在李家仓和小稻地两村，两村分别种植15亩和10亩，较为均衡。而芹菜只有李家仓种植了15亩，其余各村没有种植（相关数据参见附录表4—1）。瓜类中，西瓜主要分布在西代甲庄、东店子、东小李庄、孟各庄、朱官屯、东陈各庄、东官屯、大稻地和夏立庄9个村，而西代甲庄、朱官屯和东陈各庄最多，分别种植146亩、100亩和80亩，三村合计占西瓜播种总面积的68%。甜瓜种植则分布在西代甲庄、东店子、东小李庄、孟各庄、东陈各庄、大稻地6个村，其中西代甲庄和东陈各庄分别播种41亩和20亩，占甜瓜种植面积的76.25%。其他作物主要是苗木和花卉。其中，花卉集中在三屯村，播种面积为10亩。苗木则分布在19个村子，但仅孟各庄就种植了400亩，占全部653亩的61.26%；小稻地种植 90 亩排在第二；有 10 个村种植面积在 10 亩以下；最少的只有 2 亩。另外，17 个村子既没有种植花卉也没有种植苗木，而且这 17 个村中的大多数也没有种植蔬菜和瓜果（详细数据参见附录表 4—2）。

图 4—6　课题组对食用菌养殖带头人刘泽华①进行访谈

3. 农作物收获情况

从产量看，2012 年，出头岭镇各类粮食共生产 18379 吨，占全部农作物的 62%；蔬菜产量 8190 吨，占 28%；瓜类 2005.85 吨，占 7%；花生 935.99 吨，占 3%（如图 4—7 所示）。在粮食中，谷物产量 18206 吨，占全部粮食产量的 99.06%；豆类（大豆）产量为 49 吨，占 0.27%；薯类产量为 124 吨，占 0.67%。谷物中，玉米 9338 吨，占全部粮食产量的 50.81%；小麦 8437 吨，占 45.91%；稻谷 422 吨，占 2.30%；而谷子只有 9 吨，占 0.05%（见图 4—8）。

---

① 刘泽华，出头岭镇中峪村前党支部书记，2000 年将白灵菇养殖技术引进到出头岭镇，带动了出头岭镇食用菌养殖业的发展，并成立了食用菌合作社，推广出头岭镇白灵菇种植。

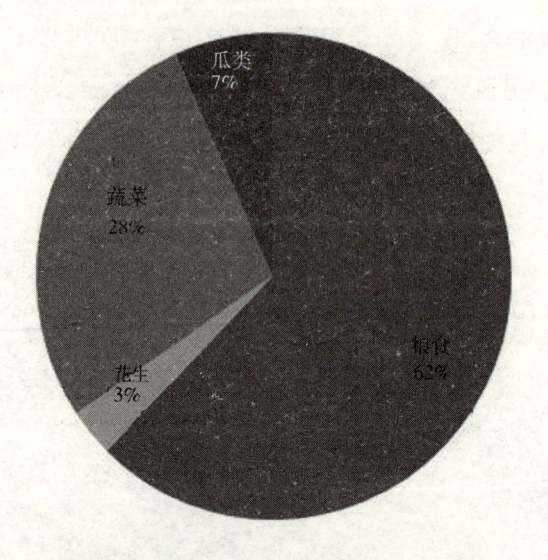

图4—7 2012年出头岭镇主要农作物产量

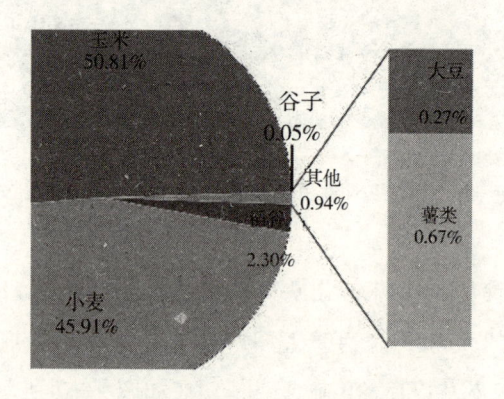

图4—8 2012年出头岭镇粮食产量

尽管，玉米、小麦播种面积最广，但实际上这两种作物的亩产并不高。其中，小麦亩产320公斤，玉米亩产只有291公斤，远比稻谷每亩448公斤的产量要低，此外，谷子300公斤的亩产量、薯类304公斤的亩产量也不高，大豆、花生的亩产量略低，分别只有每亩204公斤和267公斤（见表4—1）。如果考虑到价格因素，那么，种植稻谷、谷子、大豆、薯类以及花生等作物实际上比小麦和玉米的收入要高很多。其中，稻谷是小麦产值的1.6倍，是玉米的2倍多，即使较低的花生产值也分别是小麦和玉米的1.1倍和1.45

倍，详细数据见表4—1。既然稻谷等作物较小麦、玉米产值高，那为什么不广泛种植呢？原因在于：第一，自然条件的原因。不同作物对于耕地的要求不同，以稻谷为例，只有水田或者有充足的水源才能种植，而小麦、玉米等作物种植条件较低，适宜大面积播种。第二，政策性原因。上文已经指出出头岭镇粮食占地20387亩，占2012年耕地面积的40%（不含库区地），这要求必须保障粮食的播种。第三，粮食补贴缩小了种植小麦、玉米和其他作物之间的收入差距。2013年，种植粮食每亩补贴83元（直接补贴30元，综合补贴53元），补贴调动了农民种粮积极性。第四，粮食种植成本较低，且非农就业的机会成本提高。与其他作物相比，小麦、玉米的播种过程简单，管理成本较低，而其他作物播种和管理过程较为复杂，成本较高，因此，种植小麦、玉米的实际收入并不低。此外，近年来劳动力非农就业工资上升较快，这也促使农民选择较为简单的品种种植，并将节省下的劳动力用于非农就业，从而提高家庭的总收入。

表4—1　　出头岭镇主要农作物亩产、价格与亩产产值

	稻谷	小麦	玉米	谷子	大豆	薯类	花生
亩产（公斤）	448	320	291	300	204	304	267
价格（元/吨）	3000	2628	2220	3700	5440	3895	3500
亩产产值（元）	1344	841	646	1110	1110	1184	936

注：稻谷等价格为天津市场批发价格，薯类包括红薯和马铃薯，价格根据产量进行了加权。

二　各类作物变化情况

1. 各类作物的总体变化趋势

2005年以来，出头岭镇农业总体发展态势良好，农作物播种面积呈现持续扩大的趋势，其中，粮食作物播种面积稳定增长，经济作物波动较大。具体来看，农作物播种总面积除2008

年受自然灾害影响外，播种面积持续增加，这一过程直到 2011 年、2012 年略有下降，但总体上升趋势未变。与 2005 年相比，2012 年农作物播种总面积增加了 6724 亩，增长超过 11%。粮食作物播种面积稳步增长，2005 年粮食播种总面积 48708 亩，2012 年增加到 60152 亩，增加了 11444 亩，比 2005 年增长了 23.5%。显然，粮食播种面积的变化超出农作物总播种面积的变化，这说明原来种植其他的经济作物的土地转移到种粮食上来，这也就意味着种粮食的比较优势在逐渐显现。当然，正如前文所分析的，并不是种植粮食本身越来越划算，主要是政策与劳动力成本和种粮成本等较种植其他作物来讲显现出优势。但相比于有些作物来讲，种粮依然不是最好的选择，由表 4—2 可知，瓜果、苗木花卉的播种面积近年来增长速度远远超过种粮食的增长速度。其中，2012 年瓜果种植面积比 2005 年增长了 5 倍多，达到 480 亩，而 2005 年只有 78 亩；花卉苗木种植在 2012 年达到 663 亩，比 2005 年增长了 4 倍多。由此可见，近年来新型农业的发展更加迅猛，远远超过了传统农业增长速度，同时意味着原有传统农业正在向两个方向集聚，其一是向传统的粮食种植集聚；其二是向现代农业培育集聚。相比于这两个方向，原有的经济作物，如油料中的花生以及棉花和蔬菜种植波动较大，且出现了严重的萎缩现象。其中，棉花在 2008 年以后被农民放弃，不再种植；蔬菜由 2005 年 4800 亩直线下降到 2012 年的 1729 亩，减少了 3071 亩；花生则由 2005 年的 6008 亩下降到 2012 年的 3500 亩，最低的 2010 年只有 2318 亩。结合粮食和瓜果、苗木花卉等的增长，说明传统经济作物让位于粮食和现代农业，大量土地转向这两个方向。之所以发生这种转变，主要有以下原因：其一，政策原因，政府加大了对粮食种植的补贴，提高了粮食种植的比较收益；其二，该镇地处大城市周边，大城市现代消费需求要求周边农业发生转变；其三，传统经济作物市场价格波动较大，种植风险较高等。

表4—2　　2005—2012年出头岭镇主要农作物播种情况

单位：亩

年份	总面积	粮食	花生	棉花	蔬菜	瓜果	花卉苗木
2005	59800	48708	6008	74	4800	78	132
2006	60797	51761	4660	68	3966	127	215
2007	63348	54662	4494	99	3486	98	509
2008	57823	49877	6181	49	1342	60	314
2009	61521	56207	3262	0	1565	120	367
2010	67242	62799	2318	0	1702	233	190
2011	67588	62194	2631	0	1832	475	456
2012	66524	60152	3500	0	1729	480	663

2. 粮食作物的变化趋势

虽然粮食作物的种植面积整体上在不断上升，但不同的粮食作物也不尽相同，如图4—9所示。其中，大豆的种植面积在波动中逐渐下降，2005年播种面积为642亩，到2012年下降到240亩，最低的2011年则只有59亩；薯类在经历了4年较低水平的播种面积后，快速增长，2012年播种面积爆发式增加到407亩，而2011年则只有44亩，2009年更少，只有30亩，由此可见，薯类的快速增长并不能持续，这与市场波动关系明显。呈现稳定增长的是谷物的播种面积，2005年谷物播种面积为47979亩；2012年增加到59505亩，比2005年增加11526亩，增长了24%。其中，小麦播种面积比2005年增加了8147亩，占谷物增加额的70.68%；玉米播种面积增加了2916亩，占25.30%；稻谷播种面积增加了543亩，占4.71%；只有杂粮的播种面积出现了下降，2012年为30亩，比2005年减少了80亩。需要指出的是，虽然2012年稻谷播种面积只有940亩，但其较之2005年的397亩，增长了137%，考虑到水田增长的困难，实际稻谷也是快速增长的，详见图4—10。

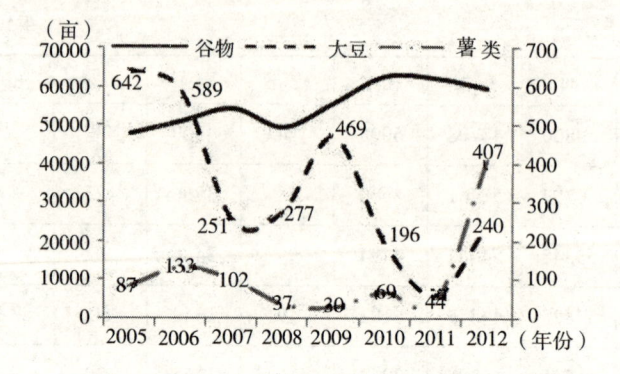

图4—9 2005—2012年粮食作物种植面积变化趋势

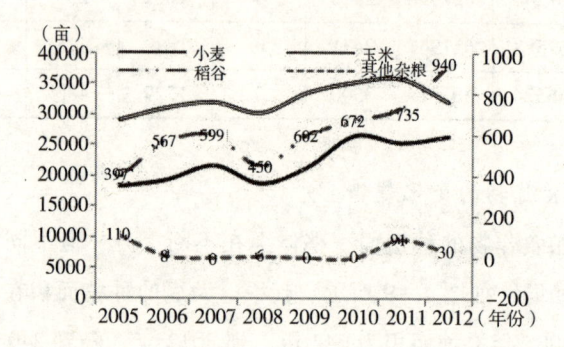

图4—10 2005—2012年谷物播种面积变化趋势

三 绿色种植与设施农业

近年来,为了满足周边大城市需求,出头岭镇积极发展设施农业和绿色种植。如表4—3所示,2012年有23个村建设发展设施农业,占全部36个村的64%,温室及大中小棚1128个,设施占地1655亩,播种总面积达到1503亩。其中,设施蔬菜种植仅涉及三屯、李家仓和小稻地3个村143亩,主要种植芹菜、西红柿和韭菜3个品种,播种面积分别为15亩、25亩和103亩。大量的设施农业集中在食用菌种植,2012年该镇食用菌播种面积达到1360亩,占设施农业总面积的90.49%,涉及23个村。其中,设施农业超过100亩的有6个村,总面积达到846亩;超过50亩的有5个村,总面积达到354亩;其余12个村设施农业面积从2亩到22

亩不等，总面积只有160亩。

表4—3 2012年出头岭镇设施农业中种植业发展情况

（单位：个、亩）

村名	设施数量	设施占地面积	村名	设施数量	设施占地面积
出头岭	109	200	官场	21	22
西代甲庄	45	80	小汪庄	54	63
东店子	76	155	东李各庄	7	10
东小李庄	15	22	西梁各庄	1	2
孟各庄	13	21	大稻地	23	55
朱官屯	124	114	李家仓	15	36
东陈各庄	130	145	东刘庄	4	35
五清庄	11	17	擂鼓台	55	110
中峪	120	245	小稻地	200	125
东官屯	53	92	孟官屯	32	64
小安平	7	16	北汪家庄	6	14
三屯	7	12	合计	1128	1655

从发展趋势看，设施农业是在波动中不断发展的，总体上经历了2005—2006年和2008—2010年两个快速增长阶段（见图4—11）。到2012年设施农业播种面积达到1503亩，比2005年的437亩翻了将近两番，最多的2010年播种面积达到了1609亩，是2005年的3.68倍。虽然，2012年播种面积比前两年有所下降，但设施水平有了很大程度提高，主要是因为大量的中小棚改建成了温室、大棚，因此，在图4—11中设施数量（温室大棚数量）呈现不断上升的态势。2005年只有温室大棚266个，之后以平均接近50%的速度增长，到2012年，温室大棚数量为1128个，比2005年的266个增加了862

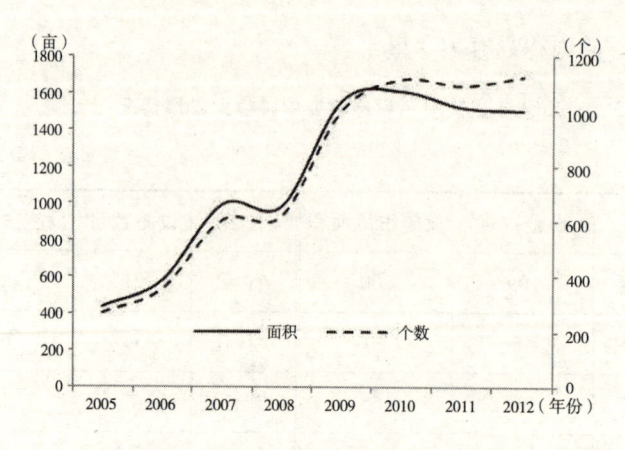

图4—11 2005—2012年设施农业变化趋势

个，是2005年的4倍多，平均每年增加123个。在设施农业中，有两个品种比较特殊，其一就是食用菌。食用菌作为一门新兴产业，从20世纪90年代开始在出头岭镇个别农户运用日光温室大棚种植，但产量较低。直到2000年，中峪村党支部书记刘泽华引入白灵菇生产技术，并以中峪村为基地带动了整个出头岭镇的食用菌生产。到2012年，出头岭镇已建成占地3000亩，有日光温室大棚1500个，年产鲜菇能力达到14000多吨的华北地区最大食用菌种植基地，产品主要品种以白灵菇、香菇两个品种为主，兼设金针菇、杏鲍菇、姬菇、白平菇4种，产品销售到北京、天津、广东和福建等省市，并远销澳大利亚。出头岭镇食用菌发展速度快，主要得益于两个原因：其一，地理优势，食用菌生产基地位于河北清东陵南侧、天津蓟县于桥水库（翠屏湖）北岸，地下蕴藏丰富的矿泉水资源，空气质量好，素有"天然氧吧"的美誉，因此该地区所产的食用菌是天然的有机食品，营养价值非常高。其二，科技结合紧密，为了"科技惠农工程，完善科技特派员制度"以科技为先导，指导现代农业实施可持续发展战略，出头岭镇与天津农学院开展镇院合作，对食用菌生产进行产前、产中指导，同时组织相关人员考察山东温室大棚更新发展情况，选择对食用菌生产最为有利的温室大棚，并加大基础设施建设改善食用菌基地的硬件条件。

图 4—12　正在培植食用菌的温室大棚

在设施农业中，第二个特色就是从种植无公害韭菜发展到种植有机韭菜。从 20 世纪 80 年代起，当地村民开始从事韭菜种植，由于受生产条件和技术的制约，虽然有些农民取得了不错的经济效益，但并没有形成产业化发展。为了促进韭菜规模化种植，建设无公害韭菜种植基地，一方面，联合天津市科委、市植保所联合打造"无公害"韭菜生产基地；另一方面，组织种植户到山东寿光学习蔬菜种植经验。在无公害韭菜基地培育过程中，镇政府从品种筛选到播种前对种子、苗床机制的消毒工作以及成长过程中使用生物农药防治病虫害等严格把关。同时，采用有机农家肥和天津市植保所指定的高效低毒无残留农药进行无公害韭菜种植。为提高生产效率，2001 年出头岭镇积极协调市县有关部门和农技专家，推广恒温拱棚反季节韭菜种植技术，农技人员定期对韭菜进行检测、抽查，不但提升了品质，还实现了秋冬割韭菜、春夏收韭黄。经过多年努力，到 2006 年该基地被农业部和天津市农业局质量安全中心认定为无公害农产品基地。自此，该镇形成了占地 1000 亩，年产 4000 吨的无公害韭菜基地。

尽管形成了无公害韭菜生产基地，但由于一直没有摆脱治虫施药的传统种植工序，无公害韭菜向有机韭菜发展受到制约。为了促进无公害韭菜申请有机韭菜，从 2012 年开始，出头岭镇政府联合南开大学生命科学系阮维斌教授在无公害韭菜基地开展"以虫治虫"的生物防治韭蛆的实验。该技术在每平方米面积上投放一个含有 10000 条线源虫的载体，通过线源虫捕食危害韭菜生长的韭蛆。经过几个月的培育，该实验取得了圆满成功，效果非常明显，在降低农药污染的同时，可以有效提高韭菜产量 10% 以上，使韭菜亩产达到 8000—9000 斤。目前，该项成果正在由试验向规模化种植逐渐推广，并为下一步积极申报有机韭菜做准备。不仅如此，该基地成立了天津田阳韭菜专业种植合作社，并注册了"出头岭"牌商标，为进一步发展奠定了基础。

图 4—13　出头岭镇有机韭菜种植基地

第二节　林业与果品种植

一　林业情况

1. 全镇林业整体发展情况

俗话说"靠山吃山"，出头岭镇北接燕山山脉，这就决定了该镇林业、果木业必然在第一产业中占有一定的地位。2012 年，该镇造林 100 亩，到年末实有林地 5850 亩，全部为人造林。其中，用材林 1470 亩，防护林 4380 亩，分别占 25.13% 和 74.87%。为了促进林业发展，出头岭镇政府为了挖掘林业生产潜力，鼓励农村居民利用路旁、沟旁、渠旁和宅旁等"四旁"零散土地植树，仅 2012 年在"四旁"植树总量达到 18100 株，累计"四旁"植树总量达到 64000 株。为了实现林业持续发展，镇发展自主育苗，2012 年年末实有育苗林地面积 1110 亩，抚育幼林 2000 亩，采伐 3110 立方米，实现了林业的持续再生发展。因此，算上育苗林地和林地的面积达到 6960 亩。

2. 各村林业发展情况

尽管出头岭镇政府努力发展林业，但依然有李家仓、景各庄、小赵各庄、北汪家庄和东关屯 5 个村的林业发展缺失，而其他各村发展也不均衡。其中，有正规林地的村子 28 个，占村子总数的 77.78%；进行了"四旁"植树的村子 20 个，占村子总数的 55.56%；有育苗林地的村子 4 个。在有林地的 28 个村子中，林地面积超过 500 亩（含）的村子共 5 个，最大的是中峪村林地面积达到 800 亩；100—500 亩之间的村子 11 个，小于 100 亩的村子 12 个，最少的只有 10 亩，这样的村子有 3 个。在"四旁"植树的 20 个村子中，超过 1000 株（含）的村子有 8 个，最多的出头岭、东店子和大稻地 3 个村子达到 2000 株，其余 12 个村子"四旁"植树在 200—900 株不等。需要指出的是，只有"四旁"植树而没有正式林地的村子有 3 个，植树总量为 3000 株，其中仅东店子村植树就有 2000 株。在有育苗林地的 4 个村子中，孟各庄村面积最大，达到 900 亩，占总育苗林地面积的 81.08%，而其余 3 个村合计只有 210 亩。不仅如此，王新房村既没有正式林地，也没有挖掘"四旁"用地植树，而只是发展了 80 亩育苗林地，由此可见，专业发展树苗是王新房村林业发展的特色（详见表 4—4）。

表4—4　　出头岭镇各村林业发展情况

单位：亩、百株、立方米

村名	年末实有林地	育苗面积	当年"四旁"植树	林木采伐量	村名	年末实有林地	育苗面积	当年"四旁"植树	林木采伐量
出头岭	300		20	500	西梁各庄	430			
西代甲庄	80	70	9	910	大稻地	60		20	70
东店子			20		东刘庄	330			
东小李庄			5		南擂鼓台	650		15	40
孟各庄	110	900	10	450	小稻地	190	60	2	
朱官屯	160		15		夏立庄	10		5	
陈各庄	10				何家堡	60		4	
五清庄	500				大赵各庄	10			
中峪	800		8		裴各庄	10			
小安平	110				王新房		80		
大安平	180		10	100	田新庄	550		5	
三屯	270		5		闻马庄	55		5	
官场	25		5		南河	100		3	110
小汪庄	200		10	150	孟官屯			5	780
东李各庄	500				北擂鼓台	50			
大汪庄	50				镇政府	50			

3. 苗木花卉基地：新兴林木业发展趋势

随着国家退耕还林政策的进一步深入与对生态环境的高度重视，出头岭镇苗木花卉基地出现了大发展势头，现已成为该镇农民致富增收的新亮点。在2004年年底，苗木花卉基地面积就已经达到2000亩，年生产各类优质苗木120万株，产品主要销往西北地区，历年来一直担负着北京、天津、唐山等大中城市的绿化任务。为了做大做强该产业，进一步突出苗木花卉科技含量，该基地注重与大专院校和科研院所的联系，先后引进几十个新品种。到目前，基地拥有环保速生杨、彩色树种、果树苗木三大系列几十个品种，主要包括：84K杨、2025杨、中林2000、欧美107、欧美108、荷兰速生杨等；紫叶李、红绿木、金枝槐、金枝柳、红栌、黄栌、火炬；桃树、中华圣桃、早丰王、蟠桃、陆王仙；优质苹果、美国8号、新红星、黧黑宝石、红宝石等几十个品种。

二 干鲜果品种植

1. 全镇干鲜果品发展总体情况

独特的地理位置，使得果品种植成为出头岭镇第一产业发展的重要支柱。2012年，出头岭镇干鲜果品种植面积达到2865亩，果树151400株，且都属于成果树，年产干鲜果品4427吨。其中，鲜果种植面积2825亩，果树149000株，年产鲜果4415吨，分别占总面积、总数量和总产量的98.60%、98.41%和99.73%；干果种植面积40亩，果树2400株，年产干果12吨。鲜果品种由多到少排序分别是苹果、梨、桃、山楂、杏、柿子和葡萄。其中，种植面积最大的苹果达到1730亩，占鲜果种植面积的61.24%；苹果树86500株，占鲜果果树的58.05%；苹果产量2660吨，占鲜果总产量的60.25%。苹果、梨和桃3种主要品种的种植面积、果树数量和产量分别占总面积、总数量和总产量的91.86%、88.05%和92.25%。而干果种植主要为板栗和核桃两种果树，种植面积分别为25亩和15亩，果树分别有1500株和900株，产量分别达到10吨和2吨（详见表4—5）。由此可见，出头岭镇干鲜果品种植主要以鲜果为主，而鲜果种植又以苹果、梨和桃为主。

表4—5　2012年出头岭镇干鲜果品种植与产量情况

单位：亩、株、吨

	年末实有果园面积		成果树		果品产量
	面积		株数		
干鲜果品合计	2865	151400	2865	151400	4427

续表

	年末实有果园面积		成果树		果品产量
	面积		株数		
一、鲜果合计	2825	149000	2825	149000	4415
苹果	1730	86500	1730	86500	2660
梨	545	32700	545	32700	773
桃	320	12000	320	12000	640
山楂	80	4800	80	4800	125
杏	70	1700	70	1700	101
柿子	70	1300	70	1300	96
葡萄	10	10000	10	10000	20
二、干果合计	40	2400	40	2400	12
板栗	25	1500	25	1500	10
核桃	15	900	15	900	2

2. 各村干鲜果品发展情况

从各村情况看，种植干鲜果品的村子有 11 个，占村子数量的 30.55%。其中，种植面积最大的是出头岭和中峪两个村，种植面积分别为 745 亩和 710 亩；种植面积在 100—500 亩的村子有 5 个；其余 4 个村子种植面积在 100 亩以下（详见表 4—6）。与设施农业种植相似，果品种植也呈现一村主打一品或两品的趋势。其中，以苹果种植为主的村子有出头岭、五清庄、中峪、小安平和北汪家庄 5 个村，分别占其果树种植面积的 75.86%、61.22%、88.73%、100% 和 64.29%。以梨树种植为主的村子是大稻地村，种植面积 200 亩，占鲜果种植面积的 100%。以山楂种植为主的村子是大赵各庄村，种植面积 30 亩，是该村种植的唯一果品。其余，果品如桃、杏、柿子和葡萄的种植比较分散。干果种植比较集中，其中，板栗主要在出头岭、五清庄和大稻地 3 个村种植；而核桃则只有和五清庄一个村种植，而且规模也很小。

表 4—6　　　　2012 年出头岭镇各村干鲜果品种植情况

单位：亩

村名	合计	鲜果	苹果	梨	桃	山楂	杏	柿子	葡萄	干果	板栗	核桃
出头岭	745	725	550	100	55		15	5	20	10	10	
五清庄	304	294	180		75	10	14	15			5	5
中峪	710	710	630		60	10			10			
东官屯	70	70	70									
小安平	410	410	140	200	35	10	15	10				
大安平	145	145	40	10	60	20	5	10				
三屯	15	15			15							
大稻地	210	200		200						10	10	
大赵各庄	30	30			30							
南河	86	86	30	20			21	15				
北汪家庄	140	140	90	15	20			15				

出头岭镇各村干鲜果品产量基本与果树种植面积一致。其中，出头岭和中峪两个村产量最多，分别产鲜果 1106 吨、1155 吨，两村合计占全镇鲜果产量的 51.21%。其余 9 个村中，产量超过 500 吨的只有小安平村一个，而仅梨一个品种就达到 300 吨，占将近一半。其余各村以及各种干鲜水果产量情况详见表 4—7。

表 4—7　　　　2012 年度出头岭镇各村干鲜果品产量

（单位：吨）

村名	合计	鲜果	苹果	梨	桃	山楂	杏	柿子	葡萄	干果	板栗	核桃
出头岭	1112	1106	850	120	110		20	6		6	5	1
五清庄	448	445	240		150	15	20	20		3	2	1
中峪	1155	1155	1000		120	15			20			
东官屯	100	100	100									
小安平	630	630	210	300	70	15		20	15			
大安平	244	244	60	13	120	30	6		15			
三屯	30	30			30							
大稻地	303	300		300						3	3	
大赵各庄	50	50				50						
南河	128	128	50	23			35	20				
北汪家庄	227	227	150	17	40				20			

3. 鲜果种植基地

出头岭镇的干鲜果品种植，以种植基地为主要载体，打造规模化种植生产，并重视品牌效应。现有有机苹果基地、日韩精品梨基地、葡萄基地、综合果品生产基地四大基地。

图 4—14　即将收获的有机苹果

第一，有机苹果基地。该基地位于中峪村北山坳中，占地300亩，基地三面环山，土质优良，空气清新，为种植有机苹果提供了有利地理环境。在有机苹果生长过程中，主要使用农家肥、有机肥和生物农药等以确保产品品质。为了防治病虫侵害，确保没有农药残留，基地采用双层油脂蜡袋对果实进行保护。同时，严格按照有机食品种植标准要求，人工拔草，杜绝喷洒农药。为了防治红蜘蛛等螨类害虫，每到冬天果农就会在果树主干绑上草把子，将树干上和树下的害虫引到草把子上，待到春天一起将草把子卸下烧掉，通过这种物理方法治虫。此外，为了确保有机苹果基地周边环境的绿色、无污染，在有机苹果生产过程中建构了一个生态循环体系。如图4—15所示，以有机苹果的落叶作为牛饲料，然后将牛粪发酵为有机肥料再施放到有机苹果基地作为果树生长的肥料。除将发酵后的牛粪作为有机肥料外，果树的另外一个肥料来源就是食用菌收获后的菌棒，本来用过的菌棒是废料，但施到果园却变成了肥料，而且是很好的有机肥料。经过精心管理的有机苹果，无污染、无残留，果质优良，畅销北京、天津与唐山等地区。

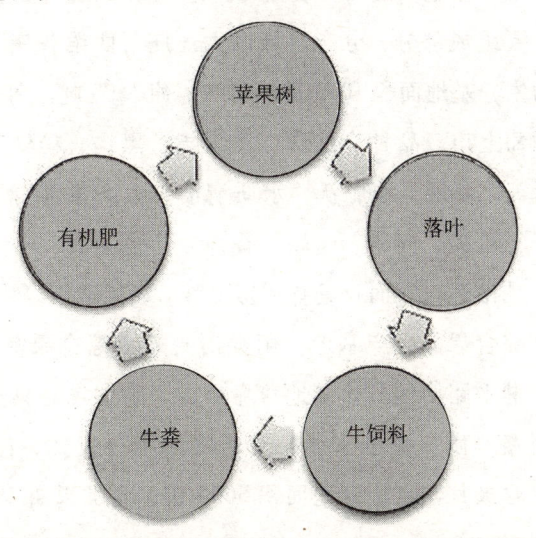

图4—15　有机苹果种植的生态循环系统

第二，日韩精品梨基地。日韩精品梨基地分布在淋平路两侧，主要涉及大稻地、小安平两村。种植精品梨的时间可以追溯到2001年。2001年3月，出头岭镇从北京郁金香生物技术公司引进韩国梨品种甘泉、满丰成品苗木50142株，建立密植良种梨园24.4公顷。经几年栽培观察，两个梨品种表现品质好、丰产、易管理，因此出头岭镇加快了日韩精品梨的种植。日韩精品梨果实硕大，果皮黄褐色，单果重量可以达到500—800克，最大可达到1500克，果实甜、脆、饱满，并耐储存，常温下储存到次年6月果味不变，富含抗氧化合物，果实切面10—15日不变色。果肉洁白，果糖含量高达16.8%，核小、无纤维、无石细胞、皮薄，口感极佳。该水果富含多种人体必需的维生素，如维生素B、维生素C、胡萝卜素、葡萄糖、苹果酸以及钙、铁、锌等微量元素，经常食用具有健胃消食、润肺止咳、解酒醒酒、防癌抗癌等多种营养保健功效。2006年，中央电视台第7套节目在出头岭镇举办中国农产品挑战吉尼斯巨型蜜梨大比拼活动，对大稻地村的日韩精品梨种植作了专题报道。目前，基地面积1000亩，大小果树15万株，年产量达到1000吨。

第三，葡萄基地。出头岭镇葡萄基地建于2001年，是蓟县环湖葡萄带的重要组成部分，分布区域以大汪庄、西梁各庄、大稻地和中峪等村为主，基地面积1000亩，年产葡萄1500吨。每年6—10月均有鲜食葡萄上市，品种有红提、美人指、黑提、粉红亚都蜜、巨丰、大粒紫等。基地土壤肥沃，水质清洁，生产条件得天独厚，所产葡萄色好、粒大、肉紫、肉硬、香脆、汁多不流、味纯、含糖量高达17%，甜酸适口，而且具有不易脱落，货架期长等特点。

第四，综合果品生产基地。蓟县出头岭镇综合果品生产基地，主要坐落于淋平路两侧。该基地背靠燕山，距清东陵只有10公里，北依邦喜公路，南接遵玉干线，交通网络十分发达，南邻于桥水库，自然资源极其丰富。基地面积6000亩，各类果树33万株，果品年产量达5000吨。品种主要有红富士苹果、新红星苹果、日韩精品梨、红酥梨、桃、山楂、金太阳杏和葡萄等。其中，南河酸梨最具特色，其皮薄肉厚，酸甜适口，有解酒、清热、治疗感冒的功效。经过多年种植，该基地积累了丰富的果园管理和生产经验，制定了生产有机食品操作规程，严格控制使用农药及化肥，并通过了天津市无公害基地认证。基地从业人员700人，拥有各类技术人才，其中高级农艺师5人；大中专技师20人；技术工人60人。

三 林业与干鲜果品种植的发展历程与趋势

1. 林业发展历程与趋势

尽管林业是出头岭镇第一产业的重要组成部分，而且发展情况也较好，但实际上自2010年以来出头岭镇的林业发展呈现萎缩状态。如表4—8所示，自2005—2009年间，出头岭镇林地面积一直维持在7600亩以上；抚育幼林在3500亩以上，其中防护林维持在50%以上，而用材林则维持在37%—42%之间；"四旁"植树维持在550000株以上。但从2010年开始，无论是林地面积、抚育幼林面积以及"四旁"植树量都呈现下降趋势。到2012年，林地面积由2009年的7956亩下降到5850亩，减少了2106亩，下降幅度超过26%；抚育幼林面积也由2009年的3600亩下降到2012年的2000亩，下降幅度超过44%；"四旁"植树数量则由2009年的647300株下降到64000株，减少了583300株，减少超过90%。显然，如此大幅度的减少与经济结构转型和生活方式转变关系密切。经济结构转型，林木业逐渐向果品种植和养殖业转型，从而造成用材林、经济林的大幅下降。其中，用材林由2009年的3280亩下降到2012年的1470亩，减少了1810亩，下降幅度达到55%；经济林则由2009年的541亩下降到0，减少了100%。生活上，燃料的改变以及取暖设施的变化使得薪炭林对于农村生活的必要性大大下降，所以，薪炭林由2009年的151亩下降到2011年的50亩，到2012年就彻底消失了。虽然用材林、经济林和薪炭林下降幅度较大，但防护林的面积不但没有减少，相反却上升了。2009年防护林有3983亩，到2012年上升为4380亩，增加了近400亩，最高的2011年达到5090亩。这里需要说明的是，由于政策的转变以及经济、生活转型，在

2010年进行了调整，人为将部分用材林和防护林转化为经济林，造成经济林的大幅上升和用材林与防护林的大面积减少。所以，总体上看出头岭镇的林业在将来一段时间会保持相对稳定，既不会出现大幅度上升，也不可能大幅下降。这是因为目前出头岭镇将近75%的林地为防护林，这部分在政策的保障下不可能大幅度降低；而用材林基本满足当前经济发展需要。基于此，我们可以得出出头岭镇林业在未来一段时间不会大幅波动的结论。

表4—8　　　　2005—2012年出头岭镇林业发展情况

单位：亩、%、百株、立方米

年份	林地面积	用材林	经济林	防护林	薪炭林	抚育幼林	"四旁"植树	采伐量
2005	7686	37.15	7.04	53.85	1.96	4000	5549	2100
2006	7786	37.95	6.95	53.16	1.94	3450	5860	1422
2007	7806	38.11	6.93	53.02	1.93	3500	6169	369
2008	7956	41.23	6.80	50.07	1.90	3600	6473	645
2009	7956	41.23	6.80	50.07	1.90	3600	6473	600
2010	7353	25.42	45.29	27.24	2.05	2700	6473	650
2011	7017	25.75	1.00	72.54	0.71	1800	3361	2100
2012	5850	25.13	0.00	74.87	0.00	2000	640	3100

2. 果品种植的演变与发展趋势

表4—9给出了2005—2012年出头岭镇果品种植发展过程。从中可以发现，与林业发展相似，果品种植在2005年以后经历了先上升后下降的变化过程。其中，果品种植面积由2005年的3041亩增加到2007年的4033亩，但2010年及其后持续下降，到2012年只剩下2865亩。同样，果树数量也呈先升后降的变化趋势，2005年有果树349667株；2007年发展到405527株，2010年及其后逐年下降到2012年的151400株。与果品总面积、总株数先升后降的变化趋势不同，果品成果面积与成果株数基本上呈现稳定上升的趋势。2005年成果面积1312亩，成果果树64935株，之后一直维持这一数量到

2009年；2010年成果面积增加到2939亩，成果株数增加到163070株；到2012年成果面积与成果株数略有下降，分别为2865亩和151400株。与此相对应，果品产量一直比较稳定，一直维持在1500吨左右，随着年景不同略有变化，但2012年果品产量突然上升到4427吨。果品种植总量和果品成果数量之间的变化差异说明，近年来果品种植波动较大，很多果树还没进入成果期就被砍伐改种其他品种，而且不同品种之间的成果期存在较大差异。

表4—9　　　　2005—2012年出头岭镇果品种植的变化情况

单位：亩、株、吨

年份	种植面积	株数	成果面积	成果株数	产量
2005	3041	349667	1312	64935	1556.6
2006	3041	349667	1312	64935	1568.3
2007	4033	405527	1312	64935	1592.2
2008	4033	405527	1312	64935	1630.4
2009	4033	405527	1312	64935	1630.4
2010	3330	190690	2939	163070	1286
2011	3370	181308	2966	—	1403
2012	2865	151400	2865	151400	4427

具体来看，在苹果等7种鲜果种植变化各不相同。其中，减少较多的是葡萄和山楂两种。葡萄从2005年的291亩，发展到2007年的301亩，然而到2010年仅剩下10亩；山楂作为传统种植品种长期维持在324亩，到2010年下降到200亩，2012年进一步下降到80亩。除了葡萄和山楂大面积减少外，柿子的种植也出现了少量减少，2009年之前一种维持在85亩，从2010年开始下降到70亩，减少了15亩。梨树种植面积在2010年也发生了转折，之前呈上升的趋势，之后逐渐减少。最高的2007—2009年梨树种植面积达到822亩，之后下降到2010年的768亩，到2012年仅剩下545亩。苹果、桃和杏树的种植基本上呈现稳定增长的态势。其中，苹

果种植面积从 1506 亩增加到 1860 亩，2012 年降低为 1730 亩；桃则由 290 亩增加到 2012 年的 320 亩，其间 2007 年经历了下降，但 2010 年扩张到 330 亩；杏树种植较稳定，2009 年及以前种植面积为 44 亩，2010 年以后种植面积扩大到 70 亩，详细数字见表 4—10。各品种果树数量与种植面积变化相一致。其中，葡萄和山楂大幅度下降，葡萄由 179900 株下降到 10000 株，减少了 169900 株，下降幅度超过 90%；山楂则由 11060 株下降到 4800 株，减少了 6260 株，下降幅度超过 50%。梨树数量下降也超过 50%，2005 年共有梨树 73552 株，到 2012 年仅剩下 32700 株，下降幅度达到 55.5%，而比最高峰的 107652 株下降近 70%。柿子种植数量也从 2005 年的 2510 株下降到了 1300 株，下降了 48%。果树数量增长的是杏、苹果和桃 3 个品种。其中，杏树由 2005 年的 600 株增加到 2012 年的 1700 株，增长了 183%；苹果树由 70130 株增加到 86500 株，增长了 23%；桃树数量由 2005 年的 11400 株增长到 2012 年的 12000 株，增加了 600 株（详细数字参见附录表 4—3）。

果品种植波动主要是市场上水果价格变化与政府引导果木品种出现偏差的结果。近年来，葡萄价格下降速度较快，导致大量尚未成熟的葡萄树被砍掉种植其他鲜果（如苹果），而葡萄种植在初始期是为了配合蓟县环翠屏湖葡萄种植基地所设，现今荒废较多。由此可见，政府在引导农业现代化过程中一定要带有预见性，不能仅看当期价格变化，否则必然出现脱节和事与愿违的情况，造成农民种植失当引起巨大损失。

表 4—10　　2005—2012 年出头岭镇鲜果种植面积变化情况

单位：亩

年份面积	苹果	梨	葡萄	柿子	桃	杏	山楂
2005	1506	475	291	85	290	44	324
2006	1506	475	291	85	290	44	324
2007	1506	822	301	85	275	44	324
2008	1506	822	301	85	275	44	324

续表

年份面积	苹果	梨	葡萄	柿子	桃	杏	山楂
2009	1506	822	301	85	275	44	324
2010	1506	768	10	70	330	70	200
2011	1860	790	10	70	330	70	200
2012	1730	545	10	70	320	70	80

第三节 畜牧业与渔业

一 畜牧业总体情况

出头岭镇畜牧业主要养殖猪、牛、羊、家禽、兔、马、驴、骡等大牲畜。随着时代变迁和经济发展畜牧业养殖在不断发生变化，其中用于耕作等代替机器和人力的牲畜养殖逐渐减少，而产肉、蛋、奶等人们生活消费的牲畜、家禽不断发展。

1. 大牲畜养殖

牛、马、驴、骡等大牲畜曾经是主要动力来源，广泛用于农业耕作和运输，在农业集体化时期存栏量不断增加，到改革开放前达到顶峰。改革开放以后，随着农业现代化发展，作为耕作与运输工具的马、驴、骡、牛等大牲畜养殖数量逐渐下降，但作为肉和奶业养殖的牛的数量逐渐增加。2012年年末，全镇马、驴和骡子的存栏量分别为5匹、6头和20匹。其中，能繁殖的马2匹，当年，产马崽1匹，出栏2匹，共产肉240公斤；能够繁殖驴存栏量为0，当年出栏的只有3匹骡子，共产肉600公斤。与马、驴、骡养殖形成鲜明对比的是牛的养殖。2012年，肉牛出栏4902头，产肉876吨，年末肉牛存栏量2786头，其中能繁殖母牛231头，当年生崽畜169头；奶牛存栏286头，其中能繁殖的母牛270头，当年生崽畜7头；役用牛年末存栏123头，其中能繁殖的母牛75头，当年生崽畜40头，具体见表4—11。仅役用牛的存栏量是马、驴、骡三者存栏量合计的近4倍，所以出头岭镇牛的养殖量远超过马、驴、骡子的养殖。

表 4—11　　2012 年出头岭镇大牲畜养殖情况

单位：头（匹）、公斤

	当年出栏	年末存栏	其中能繁殖母畜	当年生崽畜	肉产量
牛	4902	3195	—	—	876150
肉牛	4902	2786	231	169	876150
奶牛	—	286	270	7	—
役用牛	—	123	75	40	—
马	2	5	2	1	240
驴	—	6	—	—	—
骡	3	20	—	—	600

2. 家畜养殖

家畜的养殖主要包括猪、羊和兔子 3 类。其中，猪的养殖量最大；其次是羊；兔的养殖数量较少。2012 年出栏生猪 22503 头，产肉接近 1686 吨，年末存栏 19274 头，其中能繁殖母猪存栏 3557 头，当年生产崽猪 8933 头。出头岭镇主要养殖绵羊和山羊两大类，20 世纪 80 年代引进小尾寒羊和波尔山羊。经过几十年的发展，绵羊的养殖量不断增长，当前绵羊的养殖量远远超过山羊。2012 年，在出栏的 5960 只羊中，绵羊 5555 只，占 93%，山羊 405 只，占 7%；产羊肉将近 174 吨，其中绵羊 165 吨，占 95%，山羊 8 吨，占 5%；年末绵羊存栏 3611 只，占 91%，山羊 318 只，占 9%；在能繁殖的 1063 只母羊中，绵羊占 86%，山羊占 14%；在当年出生的 323 只小羊中，绵羊占 90%，山羊占 10%。虽然，兔子的养殖历史较长，20 世纪 80 年代引入比利时兔和新西兰兔等新品种，但养殖规模不大。2012 年，兔出栏 1400 只，产肉 2.8 吨，到 2012 年年末，兔的存栏量只剩下 490 只。由此可见，出头岭镇的家畜发展已经形成了以生猪和绵羊养殖为主，以山羊和兔的养殖为辅的结构。

表4—12　　2012年出头岭镇家畜养殖情况

单位：头（只）、公斤

	当年出栏	年末存栏	其中能繁殖母畜	当年生崽畜	肉产量
猪	22503	19274	3557	8933	1685725
羊合计	5960	3929	1063	323	173550
山羊	405	318	145	33	8150
绵羊	5555	3611	918	290	165400
兔	1400	490	—	—	2800

3. 家禽养殖

出头岭镇家禽养殖历史较长，主要养殖鸡、鸭、鹅。图4—16给出了2012年该镇鸡、鸭、鹅出栏、存栏和产肉结构。从中可以看出，无论从哪个指标看，鸡都是该镇家禽养殖的最重要品种。具体来看，2012年该镇出栏鸡293720只，占94%；鸭14870只，占5%；鹅4960只，只占1%。从产肉量看，鸡肉440510公斤，占家禽产肉总量的89%；鸭肉36995公斤，占8%；鹅肉14760公斤，占3%。到2012年年末，鸡的存栏量283460只，占96%，其中蛋鸡281720只；鸭9850只，占3%；鹅2980只，占1%。除了鸡、鸭、鹅3个主要品种外，鸽子、鹌鹑以及鸳鸯、孔雀等也有少量养殖，但目前尚没有规模化养殖的趋势。

图4—16　2012年出头岭镇家禽养殖情况（出栏量、存栏量和产肉量）

4. 各村畜牧业发展情况

在禽畜养殖中，鸡的分布最广，无论是肉鸡还是蛋鸡36个村全在养殖；其次是猪的养殖，除北擂鼓台村以外的35个村都养殖了猪；肉牛的养殖分布较广，有 31 个村子养殖；绵羊和鸭子养殖的村子有 30 个。其余，鹅、山羊以及大牲畜中奶牛、役用牛和马、驴、骡以及兔子的养殖分布较少，最少的马的养殖只有 2 个村子，具体数字见表 4—13。

表 4—13　　　　　2012 年出头岭镇畜牧业分布情况

禽畜名称	猪	牛	肉牛	奶牛	役用牛	羊	山羊	绵羊
村子数量（个）	35	32	31	4	4	33	14	30

禽畜名称	鸡	蛋鸡	鸭	鹅	马	驴	骡	兔
村子数量（个）	36	36	30	23	2	3	8	4

除了上文提到的禽畜产肉情况以外，禽畜产品还包括蛋、奶、蜂蜜和羊毛等。2012 年，产鲜牛奶 1575 吨；鲜蛋 4406 吨，其中鸡蛋 4172 吨，鸭蛋 192 吨，其他禽蛋 42 吨；此外，还有 14 吨蜂蜜和 7.3 吨的绵羊毛。

二　渔业总体情况

俗话说"靠山吃山，靠水吃水"，出头岭镇靠近于桥水库，自然不缺水，因此，渔业相对发达。但长期以来形成的养殖品种与方式都不太容易改变，不过近期发生了一些变化。

1. 渔业发展的总体情况

2012 年出头岭镇共有鱼塘 6721 亩，年产鱼 7595 吨，平均亩产鱼 1184 公斤，共涉及 17 个村以及镇政府等 18 个单位的 106 个专业户，308 人，234 个劳动力。其中，从事养殖的劳动力 206 人，从事后勤的劳动力 28 人。尽管，出头岭镇渔业较为发达，但总体看养殖还较为传统，以鱼类为主，其他水产——虾、蟹、贝类等都没有养殖。在鱼类养殖中，鲤鱼年产量 5575 吨，占全部鱼类产量的 70%，比排在第二位的鲢鱼 1275 吨的产出量高出 4300 吨，而草鱼、鲫鱼和鳙鱼三者合计比鲢鱼的产出还少 166 吨，如图 4—17 所示。

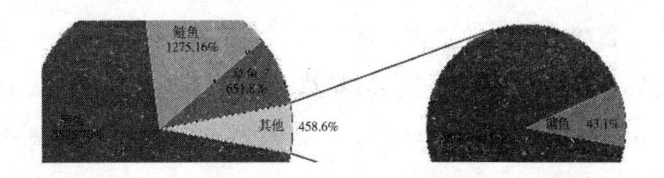

图4—17　2012年出头岭镇不同种鱼的产出情况

2. 出头岭镇各村渔业发展情况

在各村的渔业养殖中，南河村鱼塘面积2100亩，是各村中养殖面积最大的，占整个镇鱼塘面积的31%；年产鱼2300吨，占全镇总产量的29%。除南河村外，鱼塘面积超过500亩的还有小稻地、孟官屯和田新庄3个村，鱼塘面积分别为859亩、843亩和680亩；鱼塘面积在100—500亩之间的村有7个，其余7个村鱼塘面积在100亩以下。平均亩产量最高的是东刘庄村，亩产1750公斤，但其鱼塘面积只有20亩；其次是小稻地村，亩产1671公斤；官场村排在第三位，亩产1500公斤。在剩下的14个村和镇政府所属的鱼塘中，只有4个村的亩产量超过全镇平均水平，其余的10个村（含镇政府）亩产都在全镇平均水平以下（详见表4—14）。

表4—14　　　　　　2012年出头岭镇渔业养殖情况

单位：亩、吨、公斤

村名	养殖面积	鱼产量	平均亩产	村名	养殖面积	鱼产量	平均亩产
官场	60	90	1500	大赵各庄	55	73	1327
小汪庄	135	175	1296	裴各庄	210	240	1143
李家仓	70	80	1143	王新房	35	45	1286
东刘庄	20	35	1750	田新庄	680	780	1147
擂鼓台	320	400	1250	闻马庄	220	240	1091
小稻地	859	1435	1671	南河	2100	2300	1095
何家堡	80	80	1000	孟官屯	843	900	1068
景各庄	368	400	1087	北汪家庄	300	300	1000
小赵各庄	86	86	1000	镇政府	280	300	1071

三 畜牧业、渔业变化过程

畜牧业和渔业养殖是出头岭镇第一产业中提高农民收入的主要行业，虽然总体发展比较稳定，但内部养殖结构在不断调整。其中，家畜养殖以生猪养殖为主，但牛的养殖稳定增长；家禽养殖虽以鸡为主，但鹅的养殖在稳定增长；鱼类的养殖虽然以鲤鱼为主，但草鱼的养殖量不断扩大。

1. 家畜养殖变化

在家畜的养殖中，生猪的养殖一直占据着主体地位，但总体上呈现逐渐下降的趋势；牛的养殖经历了先下降后上升的变化过程；羊的养殖也经历了先降后升的过程，但比牛的养殖回升速度慢很多；兔子的养殖从2007年有所统计，但波动较牛、羊大很多。具体如表4—15所示，2005年，生猪出栏56298头，存栏43869头，二者合计超过10万头，之后逐渐下降；到2012年，生猪出栏下降到22503头，存栏19274头，二者合计41777头，分别比2005年下降了60%、56%和58%。2005年牛的出栏量为5047头，存栏3266头，二者合计8313头，之后逐渐下降；到2007年，三个指标分别为2086头、2974头和5060头，比2005年分别下降了59%、9%和39%，之后逐渐上升；到2012年，牛的出栏数量、存栏数量以及二者合计分别回升到4902头、3195头和8097头，基本与2005年相当，而比2007年分别增长了135%、7%和60%。2005年，羊的出栏量为10749只，存栏量为7836只，二者合计18585只，之后逐渐下降；到2010年羊的出栏、存栏以及二者合计的数量仅为4772只、2873只和7645只，比2005年分别下降了56%、63%和59%，之后有所回升；到2012年三个指标分别回升到5960只、3929只和9889只，比2010年分别上升了25%、37%和29%，但比2005年依然下降了45%、50%和47%。兔子的养殖经历了一段时间的中断，2007年恢复养殖，当年出栏1140只，存栏775只，二者合计1915

只，之后逐渐上升；到 2009 年，出栏量、存栏量与二者合计分别增长到 1760 只、1490 只和 3250 只，比 2007 年增长 54%、92% 和 70%，然后出现下降趋势；到 2012 年又有所回升，三个指标分别为 1400 只、490 只和 1890 只，与 2005 年总体相当，但比 2009 年分别下降了 20%、67% 和 42%。

表 4—15　　　　2005—2012 年出头岭镇家畜养殖

单位：头、只

年份	猪 出栏	猪 存栏	牛 出栏	牛 存栏	羊 出栏	羊 存栏	兔 出栏	兔 存栏
2005	56298	43869	5047	3266	10749	7836	—	—
2006	41570	34547	2679	2978	6388	6361	—	—
2007	30005	22870	2086	2974	4218	3743	1140	775
2008	29025	21311	4107	2603	4675	3099	1640	1340
2009	30130	23941	4504	2730	4767	3125	1760	1490
2010	28050	22347	4898	2975	4772	2873	1110	790
2011	26110	24249	4055	2541	4727	3421	1210	570
2012	22503	19274	4902	3195	5960	3929	1400	490

显然，家畜养殖量的变化与近年来市场价格变化密切相关，特别是生猪养殖与蛛网理论基本吻合。2005 年以前，特别是 2003 年 9 月到 2005 年 8 月，猪肉价格处于上升阶段，因此，养猪业大规模发展。但 2005 年以后，由于出栏量大增价格下降，所以 2005 年以后养猪量波动较大。另外，猪瘟导致养殖户抛售，也使价格波动较大。2009 年在国家收储政策的带动下，生猪养殖下降幅度收缩，但随之而来的进口猪的上市再度抑制了生猪养殖。对于养殖户来讲价格波动与疫情导致生猪养殖的风险过高，从而不得不压缩养殖量或彻底放弃生猪养殖。与生猪养殖形成鲜明对比的是牛的养殖，近年来牛肉价格波动较小，所以牛的养殖也稳定增长，并逐渐恢复到 2005 年的水平。因此，出台相应政

策稳定农产品价格是保障农业特别是养殖业稳定发展，保障农民权益的基础。

2. 家禽养殖变化趋势

在家禽养殖中，总体上呈现不断增长的趋势，2005 年出栏家禽 253290 只，存栏 3500 只，合计 256790 只；到 2012 年三个指标分别为 313550 只、296290 只和 256790 只，比 2005 年分别增长了 24%、84% 和 137%。虽然，家禽总量不断增长，但具体到鸡、鸭、鹅的数量变化则各不相同。其中，鸡的养殖量一直占据着家禽养殖的主体地位，而且在快速增长；鸭子的养殖则逐渐下降；鹅的养殖从 2007 年开始逐渐增长。具体来看，如表 4—16 所示，2005 年鸡的出栏量为 197040 只，存栏量为 1500 只，二者合计达到 198540 只；到 2012 年鸡的出栏量上升到 293720 只，存栏量增加到 283460 只，二者合计达到 577180 只，比 2005 年分别增长了 49%、188% 和 191%。鸭子的养殖量在 2005 年规模还比较大，当年出栏 44550 只，存栏 1000 只，二者合计 45550 只；但 2005 年以后逐渐下降，到 2012 年鸭子的出栏量下降到 14870 只，比 2005 年下降了 67%，存栏量 9850 只，比 2005 年增长了近 9%，二者合计 24720 只，比 2005 年下降了 46%。鹅的养殖在 2007 年全镇只有 6010 只，其中出栏 3080 只，存栏 2930 只；到 2012 年养殖量达到 7940 只，出栏 4960 只，存栏 2980 只，比 2005 年分别增长了 32%、61% 和 2%。由此可见，鸡的养殖变化主导着出头岭镇家禽养殖的变化。需要指出的是，与生猪等家畜不同，家禽养殖周期短，容易调整，因此，虽然价格波动以及传染疾病也比较多，但总体上养殖波动较小。另外，家禽养殖模式也与家畜不同，尤其是肉鸡的养殖与销售有比较完备的契约来维系，这就大大降低了养殖户直接面对市场所需承担的风险，这也增加了养殖户的积极性。所以，我们看到 2005 年以后，家禽特别是鸡的养殖量快速增长。

表4—16　　　　2005—2012年出头岭镇家禽养殖变化情况

单位：只

年份	鸡 出栏	鸡 存栏	鸭 出栏	鸭 存栏	鹅 出栏	鹅 存栏
2005	197040	1500	44550	1000	—	—
2006	246520	11780	11180	10180	—	—
2007	144060	318850	8290	6190	3080	2930
2008	219970	264990	70380	8860	4330	3320
2009	219270	267570	70850	8600	4150	3340
2010	279675	280375	24750	4040	4260	2580
2011	284590	283760	3220	3000	3930	2340
2012	293720	283460	14870	9850	4960	2980

3. 渔业养殖变化

淡水鱼养殖一直是出头岭镇的重要产业，但从2005年到2012年鱼塘面积经历了下降、稳定到上升的过程。具体来看，2005年鱼塘面积7180亩，之后有所下降到2008年的6593亩，2009年、2010年维持在6593亩的水平；2011年回升6601亩；2012年进一步恢复到6721亩；如图4—18所示。尽管养殖面积出现萎缩，但鱼的产量虽然波动但总体呈现逐渐上升的趋势。2005年产鱼7001吨，随后虽然经历了2007年鱼塘面积的缩小，但鱼产量的下降幅度较小，且总体上呈现波动中上升的趋势。2012年，在鱼塘面积并没有大面积扩大的情况下产鱼量达到7959吨，达到新高。之所以出现鱼产量与鱼塘面积变化不一致，主要是鱼塘亩产量有了较大提高，2005年每亩鱼塘产鱼975公斤，之后基本上每年都有所提高，到2012年鱼塘亩产达到1184公斤，比2005年增产超过20%。而亩产量的提高则是近年来实现科学套养与品种改良的结果。如表4—17所示，长期以来，鲤鱼一直是渔业养殖的主要品种，长期维持在70%左右，虽然2009年和2010年下降到65%，但其第一的位置至今没有出现大的变化。排在第二位的是鲢鱼，其产量长期维持在总产量的15%以上，鲤鱼和鲢鱼合计超过鱼总产量的80%。需要指出的是，2005年及之前，草鱼、鲫鱼和鳙鱼的产量比较分散，但从2009年开始鳙鱼的产量持续下跌，到2012年鳙鱼产量只占总产量的0.54%，比2005年下降超过2.5个百分点；鲫鱼也呈现下降的趋势，由2009年的9.13%，下降到2012年的5.21%；与鳙鱼和鲫鱼下降相反的是草鱼养殖呈现不断上升的趋势，2012年达到总产量的8.18%。可以预计，将来鲤鱼、鲢鱼和草鱼将是今后出头岭镇渔业发展的趋势；另外，渔业养殖结构的变化主要是京津等市场需求变化的结果。

表4—17　　　2006—2012年出头岭镇渔业产量结构

单位：吨、%

年份	合计	鲤鱼	鲢鱼	草鱼	鲫鱼	鳙鱼
2006	7334	71.54	14.39	6.15	4.17	3.14
2009	6910	64.59	18.47	7.09	9.13	0.72
2010	6910	64.59	18.47	7.09	9.13	0.72
2011	7731	72.15	12.53	7.36	7.11	0.84
2012	7959	70.05	16.02	8.18	5.21	0.54

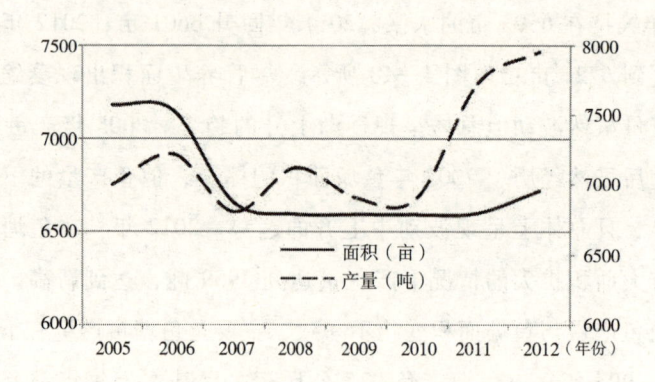

图4—18　2005—2012年出头岭镇淡水鱼养殖变化情况

四　养殖业发展新趋势：生态养殖、规模养殖与科学养殖

近年来，在不断总结养殖经验，遵循市场需求变化与生物技术

应用的背景下，规模化、科技化与市场化成为出头岭镇养殖业的新特点和新趋势，具体就是生猪养殖的生态化，奶牛养殖的规模化和渔业发展的市场化。

1. 生态养猪

生态养猪是出头岭镇近年发展起来的新型生猪养殖方法，即利用发酵床养猪。所谓发酵床养猪就是通过参与垫料和牲畜粪便协同发酵作用，快速转化生粪、尿等养殖废弃物，消除恶臭，抑制害虫、病菌，同时，有益微生物菌群能将垫料、粪便合成可供牲畜食用的糖类、蛋白质、有机酸、维生素等营养物质，增强牲畜抗病能力，促进牲畜健康生长。发酵床是用玉米、麸皮、豆粕等原材料撒上粉碎的菌棒发酵7天形成的，在猪舍中铺60公分厚，然后再将猪放进饲养。发酵床养猪包括以下优点：其一，用料环保，肉质好，单价高。生物菌撒上以后如果用抗生素等药物就会杀死生物菌，从而破坏发酵床。因此，运用发酵床养殖生猪，既不容易得病，也降低了药物使用与药物残留，不仅如此肉质还好，价格比传统养殖高出10%—30%。其二，节省人力，降低成本。发酵床养猪利用菌落分解猪粪，因此，平时不需人工清扫，3年才进行一次猪舍翻新，在每批猪出栏之后重新铺上一层新的有机料，就可以进行下一批猪崽的养殖，用人用时较少。以出头岭镇小汪庄阳光养殖场为例，100头猪每天只需要1名工人进行半小时的工作就可以完成，而主要工作就是添水添料，这就大大降低了养猪成本，增加了养殖户收入。其三，生态环保，无污染。发酵床养猪没有任何废弃物、排泄物排出养猪场，实现了污染物"零排放"标准，大大减轻了养殖业对环境和水源的污染。阳光养殖场一年可以出栏生猪1300多头，按传统的养殖方式1头猪到出栏产生0.2立方米的粪便，以此计算阳光养殖场2年可以减少向于桥水库周边排放260多立方米的粪便。目前，出头岭镇发展发酵床生态养猪8000多亩，年出栏生猪8000多头，减少了向于桥水库周边排放1600多立方米的粪便，有效地保护了于桥水库的水源。

图4—19 阳光养殖场生态发酵床猪舍养殖的猪

2. 规模化奶牛饲养

出头岭镇稻地奶牛养殖基地坐落于田各庄村南、大稻地村北1公里处，始建于2002年9月，当时占地150亩，总投资800万元，水、电、路基础设施配套齐全，并建有现代化挤奶厅一座，同时又建成了检测设备完善的鲜奶收购站一个。基地成立之初，以刘建良、闻泽刚等5个养牛大户为核心，存栏奶牛达500头，带动全镇120多户农户从事奶牛养殖，在最繁盛的情况下，养殖基地有奶牛600多头，有效促进了奶牛养殖的发展。然而，奶牛养殖与其他养殖不同，需要对奶牛、鲜奶等进行较多的技术检测，而这些是养殖几头奶牛的小养殖户所不能实现的，因此，我们看到的是在基地建立之初短暂的快速发展之后转而进入了调整期，如图4—20所示，奶牛存栏数量总体上呈现逐渐下降的趋势，到2012年奶牛存栏仅286头。与奶牛数量减少相对应的是养殖户的减少，到2012年最初的5个养殖大户仅剩下一家——犇亿奶牛养殖场，120多个小养殖户全部消失。

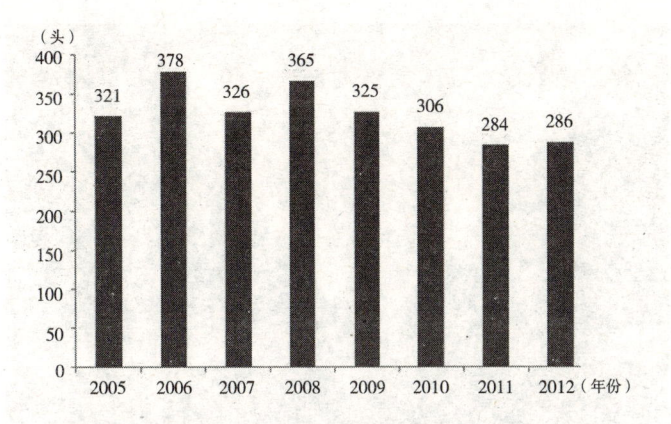

图4—20 2005—2012年出头岭镇奶牛存栏变化情况

（头）
400 — 321, 378, 326, 365, 325, 306, 284, 286
2005 2006 2007 2008 2009 2010 2011 2012（年份）

在与犇亿奶牛养殖场经理刘建良交流的过程中，我们了解到2008年三聚氰胺毒奶粉事件对养殖户的冲击较大，事件后大量牛奶直接倒到田地中，奶牛养殖户损失惨重。之后奶牛养殖再度进入深度整合中。据介绍，奶牛场的盈利规模是日产鲜奶5吨，按照每头奶牛日产奶15公斤计算，最小应该养牛333头，如果将轮换、损耗等计算在内，奶牛场应该维持在500头奶牛，才能保障盈利以及正常的滚动发展。目前，鲜奶主要供给蒙牛公司在唐山的奶厂，但由于产量规模相对较小，并不具备与奶厂的议价的能力。因此，近两年经过整合犇亿奶牛养殖场规模不断扩大。一方面，通过引进新品种，不断改良原有奶牛，提高奶牛奶产量；另一方面，改善养殖场硬件设施，通过机械化、自动化提高奶牛养殖效率，节约人工成本（技术人员6000元/月，一般工人3000元/月），目前犇亿奶牛养殖场只有兽医（兼技术人员）1人，工人14人。此外，继续扩大养殖规模，当达到日产鲜奶10吨时才能与奶厂进行价格谈判，获取较为有利的价格。由于近年来经济形势不好，银行对于奶牛场前期贷款的还款压力比较大，影响了奶牛场的进一步发展。所以，应该在政策上予以一定的支持，促进奶牛场形成合理规模。

图 4—21 犇亿奶牛养殖场机械化养殖奶牛

3. 市场化、科学化与制度化的淡水鱼混养

出头岭镇水产养殖基地，位于淋平公路以南、于桥水库围埝以北，地势低洼，水资源丰富，具备良好的养育条件和自然优势。为了提高鱼的产量，出头岭镇大力开展鱼塘混养，并根据市场需求变化更换品种。根据鱼塘情况与不同品种的栖息习惯，基本上将水体按上层、中下层和底层三层进行混养。目前，出头岭镇鱼塘混养中，上层以养殖鲢鱼为主；中下层以养殖草鱼为主；底层则以鲤鱼为主。同塘混养的好处主要是可以充分利用池塘各个水层，发挥水体生产潜力；合理利用池塘天然饵料资源，提高饵料利用率；发挥养殖鱼类之间的共生互利关系，改善池塘生态环境。其中，草鱼饵料的残渣以及粪便经过微生物分解成为肥料，可培养浮游生物作为鲢鱼的饵料，同时，鲢鱼又可以净化水体，保证草鱼对水体清新水质的要求。另外，鲤鱼又可以吃掉池塘中腐败的有机质，也能改善水体的卫生条件。各种混养鱼类就这样相安共处，不互相残食，不互争饵料，彼此栖息在不同的水层，生活在良好的共生互利的生态环境中。此外，鉴于京津等地

区餐饮业的变化，对于草鱼的需求量不断增大，出头岭镇部分鱼塘开始加大草鱼的养殖数量，从而改善养殖结构，提高养殖收益①。

图4—22　天津蓟县鱼源浩水产养殖场的鱼塘

为了保障水产品养殖质量，在镇政府的帮助下，养殖户与高等院校进行对接，与上海水产大学建立密切联系，购置检测设备，同时建立规范的养殖制度，进行标准化养殖。以鱼源浩水产养殖场为例，目前有养殖水面1300亩，雇用工人17人，根据市场需求状况改变鲤鱼套养草鱼的模式为草鱼套养鲤鱼，供应北京、天津等大城市餐饮业，实现亩产2000公斤，每亩鱼塘净利润达到3000—4000元。为了适应菜篮子工程以及农委对无公害不能有农药残留的要求，鱼源浩养殖场每隔10天对水体进行一次检测，发现问题及时调整。不仅如此，还制定了《水产养殖档案制度》等完整的规章制度，及化验室安全操作规程以及主要药物残留检验流程等技术程序，以保证所养殖的鱼质量安全（见附录）。

---

① 目前，鲤鱼的市场价格是4.5元/斤；而草鱼的市场价格是7.5元/斤。

图4—23　天津蓟县鱼源浩水产养殖场水质检测室一角

第四节　农村经济主体的演变趋势

出头岭镇第一产业发展特色已经比较明显，即在保障政策要求的粮食生产基础上，向服务大城市生活需要转型，发展现代设施农业、生态农业与绿色农业等，满足大城市高层次生活需求。之所以能够向现代农业转型，是经济市场化程度不断提高的成果，与近年来农村经济组织的发生、发育与转型密切相关，也与现代技术的应用，特别是新的销售模式的应用紧密相连。在农业转型的过程中，出头岭镇农户不断优化对接市场的模式，提高对接效率，选择最适合的经济组织。

一　农业经纪人的变化及其原因

农业经纪人是出头岭镇农民最早接触外界市场的媒介，主要分为两类：一是本土农业经纪人，这些人往往比一般农户先走出去，或转型成专业的经纪人，或自身仍旧从事农业生产同时兼任农业经纪人；二是外来农业经纪人，这部分人往往在农产品收获季节出现，且与农户长期保持着比较固定的经济往来，得到相当数量农户的信任。从作用看，农业经纪人作为农户与市场对接的桥梁，专门从事农产品销售，即将出头岭镇生产的农产品销售到本镇以外的市场。从行业看，主要集中在种植业，如蔬菜、食用菌种植以及干鲜果品种植等，部分养殖业，如渔业、生猪养殖等。

1. 农业经纪人变化情况

从近年来的发展趋势看，农业经纪人数量有不断下降的趋势。表4—18给出了2007—2012年出头岭镇农业经纪人的变化趋势，从中可以看到最近两年出头岭镇农业经纪人下降速度非常快，2012年只有农业经纪人22人，组织销售农产品340万元，带动农产170户。而2007年经农业纪人数量为60人，组织销售农产品达到576万元，带动农户270户；2011年农业经纪人数量依然维持在56人，组织销售农产品达到810万元，带动农户265户。与2007年相比，2012年在三个指标上分别下降了63%、41%和37%；与2011年相比则分别下降了61%、58%和36%。

表4—18　　2007—2012年出头岭镇本镇农业经纪人的变化情况

单位：人、万元、户、个

年份	数量	组织销售农产品总额	带动农户个数	涉及村子数量
2007	60	576	270	4
2008	46	650	202	3
2009	—	—	—	—
2010	56	810	265	3
2011	56	810	265	3
2012	22	340	170	2

农业经纪人不仅数量呈现不断下降的趋势，而且分布各村的状况也发生了变化。2007年有4个村子有农业经纪人，分别是孟各庄、五清庄、中峪和小汪庄，人数分别为10人、1人、34人和15人；2008年，五清庄村不再有农业经纪人，孟各庄村农业经纪人数量没有变化，而中峪和小汪庄两个村农业经纪人分别减少了4人

和9人；到2010年中峪村农业经纪人数量再次减少了2人，小汪庄村则增加了12人，孟各庄维持原人数，小汪庄村农业经纪人的增加导致全镇农业经纪人数量增加；然而到2012年，原有4个村的农业经纪人都减少到零，而原来没有农业经纪人的官场村和小赵各庄村则分别出现了农业经纪人18人和4人，如表3—16所示。农业经纪人数量的变化导致其组织销售的农产品的数量以及带动农户的数量同样发生了变化，如表4—19所示。

表4—19　2007—2012年出头岭镇本镇农业经纪人分布变化情况

单位：人、万元、户

村名	2007	2008	2009	2010	2011	2012
农业经纪人人数变化						
孟各庄	10	10	—	10	10	0
五清庄	1	0	—	0	0	0
中峪	34	30	—	28	28	0
小汪庄	15	6	—	18	18	0
官场	0	0	—	0	0	18
小赵各庄	0	0	—	0	0	4
组织出售农产品总额						
孟各庄	20	50	—	50	50	0
五清庄	6	0	—	0	0	0
中峪	500	420	—	480	480	0
小汪庄	50	180	—	280	280	0
官场	0	0	—	0	0	280
小赵各庄	0	0	—	0	0	60
带动农户数量						
孟各庄	0	20	—	20	20	0
五清庄	0	0	—	0	0	0
中峪	120	70	—	85	85	0
小汪庄	150	112	—	160	160	0
官场	0	0	—	0	0	160
小赵各庄	0	0	—	0	0	10

2. 农业经纪人减少的原因

第一，市场化程度提高，农户对接市场能力提高。随着市场化程度的提高，农户对外界的认识逐渐增加，销售渠道增多，如网络销售、超市直营等方式的产生直接减少了农户对农业经纪人的需求与依赖。以蘑菇销售为例，在蘑菇种植初期，由于产量较少，收获的蘑菇由东丽的种植户回购，但随着种植面积的扩大，东丽种植户回购没有了，销路就成了问题。为了解决蘑菇销路的问题，出头岭镇农民刘泽华在天津市花钱制作蘑菇销售网页，并取得了良好的效果，前来订货的客户不仅有广东、福建等南方商人，更有加拿大商人慕名前来考察订货。由于出头岭镇蘑菇（白灵菇）品质好，需求量大增。这一新型的销售模式摆脱了传统依赖农业经纪人销售的模式，丰富了农民的销售渠道。对此，人民网·天津视窗、《每日新报》等新闻媒体在2011年12月给予了大量报道。此外，在政府的帮助下，农户与超市、大的农贸市场直接对接，开辟直营模式。如为了推广出头岭镇无公害韭菜，镇政府与天津市商委合作，积极联系了家乐福超市、友华菜市场、大直沽菜市场等免费为出头岭镇无公害韭菜开辟专区，进行直接销售。由此可见，农户与市场对接的能力不断提高，从种植环节向销售环节延伸是农业经纪人人数下降的一个重要原因。

第二，生产模式发生变化。不仅农产品销售方式发生了变化，生产方式也发生了变化。在出头岭镇，除了粮食种植销售外，主要经济作物，如蘑菇、鲜果以及养殖业等单个农户自己生产、销售的模式越来越少，取而代之的是"公司+农户"、"公司+合作社+农户"、"公司+种植大户+农户"等形式，此外还发展出订单农业等新模式。这些模式，一方面，为农户生产提供了技术支持，降低了农户种植、养殖的生产风险；另一方面，通过与企业对接，农户可以直接将农产品卖给企业，而价格在种植、养殖前就已经确定，或由大户（农户）直接与企业议价，从而降低了农户的市场风险。订单农业更是以契约的形式明确农户与商户之间的关系，把农户专门固定在生产环节提高了生产效率。由此可见，新的种植（养殖）模式也减少了对于农业经纪人的依赖。

图4—24 出头岭镇农民网上卖蘑菇的新闻报道

第三，农村组织形式的变化，增强了农户的市场力量。由于分散经营，农户种植（养殖）规模普遍较小，因此，在与市场对接的过程中往往处于不利地位，只能作为价格接受者进入市场。为了更好地进入市场，并获得一个较为有利的市场地位，近年来农村成立了很多专业合作组织——专业合作社。这些合作组织作为农民的自组织，往往以农户种植（养殖）的农产品为纽带，由种植（养殖）大户牵头，采取农户自愿加入的形式成立，运行过程中共同商议对策，充分保障合作社成员的利益。其好处在于，通过扩大规模实现规模经济。一方面，在生产过程中可以集中采买农业生产资料，同时实现农业生产技术共享，降低经营成本；另一方面，将合作社作为一个统一整体直接将产品推广到农产品销售地，既获得了品牌效应，又减少了流通环节，还提高了农户议价能力，使农户获得了更高的收益。在渔业合作社中，以鱼源浩水产养殖场为主的渔业合作社，现有养殖户30多户，根据市场变化改鲤鱼套养草鱼为草鱼套养鲤鱼，有效提高了养鱼收益，同时由鱼源浩水产养殖场直接组织捕捞销往北京、天津、河北、内蒙古等市场。

二 农业专业合作社：不同的命运

专业合作社虽然提高了农户对接市场的能力，但实际上专业合作社的发展也有阶段性，对于不同农产品也有不同的命运。在调研过程中至少存在三类专业合作社：第一类，名存实亡的专业合作社；第二类，虽然名存实亡，但还有发展潜力的专业合作社；第三类，正在发挥作用的专业合作社。为什么会存在不同类型的专业合作社，归结其原因还是由农产品种植（养殖）特点以及与市场对接的方式决定，以下将分别举例分析。

1. 名存实亡的专业合作社：农产品种植（养殖）技术成熟

所谓名存实亡的专业合作社，就是合作社还存在，但实际上已经不发挥任何作用，既不承担技术指导，也不承担提高农户市场地位，提高农产品销售价格，开拓市场等职能，最多是在农产品成熟时，由合作社主要成员通知销售信息，或作为农产品集中存放地由车辆统一运输。由此可见，这类专业合作社实际上已经失去存在的理由，只不过作为一个品牌性质的东西予以保留。这类专业合作社往往具有农产品种植（养殖）技术相对比较成熟，市场对农产品认可程度比较高，农户已经能够直接与市场对接等特点。最典型的专业合作社就是蘑菇种植合作社。经过十几年的不断发展，作为一个成熟的产业，蘑菇种植技术已经被广大种植户所掌握，而且销售方式已经多元化，农户对合作社依赖程度很低，因此，蘑菇专业合作社实际上处于名存实亡的状态。需要指出的是，这类专业合作社并不是一开始就是这种状态的。相反，在合作社成立初期，无论是在技术指导还是组织销售等环节都发挥过非常重要的作用。只不过，随着产业发展逐渐成熟，"农户→专业合作社→市场"的模式转变为"市场→农户"的模式，导致专业合作社的作用分解到农户和市场两个方面，从而决定了专业合作社名存实亡的命运。

2. 名存实亡但有发展潜力的专业合作社：农产品种植（养殖）还在深刻调整

虽然名存实亡，但有发展潜力的专业合作社是指当下虽然存在，实际没有发挥作用，但通过重新组织定位能够发挥更大作用的专业合作社。这类合作社往往是伴随着养殖（种植）业的产生而产生的，产业发展之初没有认识到产业发展特征，在自然发展一段时间后，产业进入调整期，农户间不断整合调整。在这种背景下，专业合作社定位与方向都还不明确，又由于产业还处在调整阶段，因此专业合作社很难发挥作用，所以处于名存实亡的状态。但从长远看，合作社仍有发挥作用的巨大空间。因此，一旦该产业进入正常发展轨道，这类专业合作社将会发挥作用，而且由于交易对象的不同，这类专业合作社并不会转化为第一类专业合作社。这类合作社的典型案例是出头岭镇奶牛养殖合作社。该合作社在出头岭镇发展奶牛养殖之初便成立了，但由于发展之初没有认识到奶牛养殖具有规模经济的特征，导致普遍养殖规模过小，随着奶牛养殖的发展，小养殖户缺乏技术设备支撑的局限逐渐暴露出来，再加上"毒奶粉"事件的冲击，小养殖户纷纷走向终结，大养殖户收购小养殖户的奶牛壮大自身的现象不断发展，这就意味着奶牛养殖业进入调整期。在这种情况下，养殖户之间的竞争尚未完成，还不存在专业合作社会发挥作用的空间，因此，奶牛养殖专业合作社实际上处于名存实亡的状态。就目前来看，调整逐渐走向尾声，出头岭镇奶牛养殖业逐渐步入正轨，已经产生对专业合作社发挥作用的要求。这是因为，养殖户面对的是奶站所代表奶长，相对于养殖户来讲，奶生产企业的市场地位远远高于养殖户，因此，养殖户只能作为价格的接受者。而奶牛养殖户只有生产规模达到 10 吨/天时，才能获取一定的市场地位，才能与奶品加工企业进行鲜奶价格的谈判。每天 10 吨鲜奶，意味着养殖户要达到将近 1000 头奶牛的规模，这对于单个养殖户来讲在短期内是不可能实现的。出头岭镇犇亿奶牛养殖场经过整合出头岭镇奶牛养殖户后的养殖规模接近 300 头，距离获取议价能力的规模相差很远。因此，要实现最低议价能力所必需的养殖规模就只能通过联合的方式，通过成立专业合作社，联合外镇的奶牛养殖场达到鲜奶最低产量规模，统一与奶企进行价格谈判，也避免奶牛养殖户之间的恶性竞争。目前，这一专业合作社正处于联系筹备阶段，相信在一段时间后一定会成为奶牛养殖户的赖以生存的合作组织。

3. 正在发挥作用的专业合作社

正在发挥作用的专业合作社比较好理解，这类合作社所经营的农产品规模效应的特征并不明显，且进入门槛较低，然而分散经营的销售成本又比较高，也就是在流通环节存在规模经济，因此，为专业合作社的发展提供了空间。这类合作社最典型的就是水产养殖合作社。出头岭镇水产养殖以淡水鱼为主，养殖门槛较低，既有 1000 亩以上的大养殖户，也有几亩几十亩的小养殖户。显然，对于小养殖户来讲，最为便利的就是搭大养殖户的便车进行养殖和销售，而大养殖户为了扩大规模与销售市场进行对接，降低销售成本，也有联合小养殖户的需求。在此背景下水产养殖专业合作社应运而生，而在实际运作过程中，合作社不但在流通环节发挥组织销售、开拓市场的功能，还在生产环节对合作社内的养殖户进行水质监测、技术指导、混养品种以及药物使用等多方面约束养殖户行为，从而提高了合作社产鱼的品质。由此可见，即使渔业养殖再发展，只要养殖规模还存在较大差异，流通环节的规模经济不消失，这类专业合作社就存在发挥作用的空间。

三 积极发挥多元主体的作用，更好的发挥政府作用

出头岭镇农业转型总体上定位比较准确，得益于政府、农户的准确定位，以及在与市场有效对接过程中所进行的合理分工。其中，政府作为项目牵头人，农户作为项目实施者，进而演化出专业合作社作为项目长期运作的策划者，从"找项目→找市场"发展到"市场→成熟项目"，从而逐步实现农业转型。

1. 政府：适时退出

出头岭镇政府在农业转型过程中发挥了重要作用，为农业转型开辟了道路。与农户相比，基层政府既了解镇情，又有联系外界的能力，还能动员农户，因此，政府积极寻找适合项目，并主动为农户提供各种便利条件。如奶牛养殖、有机苹果树以及食用菌的发展等，但是在政府将项目引进以后，要及时退出，将生产以及流通等交托农户和市场，而不能继续参与具体的生产经营活动。这是因为，生产经营活动是农户以及相关组织的专长，政府则转向服务，如为农户提供不定期的技术培训，为农户联系科研院所实现农业现代化等，或者集中精力提供基础设施。另外，政府引进项目也会有风险，这时更应该注意如何调整以保障农户利益不受损失。如在奶牛养殖上，政府鼓励小养殖户的行为在某种程度上违反了经济规律，因此，在整合过程中应该为大户收购小养殖户的奶牛提供资金支持，以保证大小养殖户都不会因这一问题而遭受损失。

2. 专业合作社：恰当合理

专业合作社在某种程度上是农户的联合体，其作用在经济上要比单个农户大，但其运行也要视不同的行业而有所差异。正如上文所指出，出头岭镇现存三类专业合作社，其中正在发挥作用的只有一种，其余两种或者已经完成其使命，或者还没有发挥作用的空间。由此可见，专业合作社发挥作用是有条件的，而不是成立就一定有用。所以，要创造条件，适时成立专业合作社才能真正发挥专业合作社提高农户市场地位，进而提高农户收益的作用。

3. 农户：调动农户积极性，发挥农户创造力

农户在生产经营过程中具有充分的经济理性，对于项目有自己的评估，特别是随着现代通信技术的使用，使农户接触外界的能力大大提高。同时，在与市场对接过程中，逐渐熟悉了市场运作的规则，并主动按照市场规则行动，且能及时降低可能存在的市场风险。2001年，农民刘泽华从报纸上获得白灵菇种植项目并积极引进、学习，获得了丰厚收益。在带领本村大规模种植后，为了扩大销路利用现代网络进行网上销售，打开了市场。食用菌在出头岭镇的发展充分体现了农户在农业转型中的积极性与创造力。因此，应该为农户主动的转型创造条件，提供支撑，更好地调动农户积极性，发挥农户的创造力，更加适应市场获取较高收益。

附录一

附录表 4—1　　　　　　　　蔬菜种植分布

单位：亩

村名	蔬菜	大白菜	南瓜	韭菜	西红柿	芹菜	食用菌
合计	1729	30	89	210	25	15	1360
出头岭	205		5				200
西代甲庄	110	20	10				80
东店子	155						155
东小李庄	22						22
孟各庄	21						21
朱官屯	175		61				114
东陈各庄	155		10				145
五清庄	17						17
中峪	125		3				122
东官屯	92						92
小安平	16						16
三屯	12				10		2
官场	22						22
小汪庄	63						63

续表

村名	蔬菜	大白菜	南瓜	韭菜	西红柿	芹菜	食用菌
东李各庄	10						10
西梁各庄	2						2
大稻地	55						55
李家仓	36				15	15	6
东刘庄	6						6
擂鼓台	110						110
小稻地	232			200	10		22
夏立庄	10	10					
孟官屯	64						64
北汪家庄	14						14

附录表4—2　　瓜果和其他作物种植村分布　　单位：亩

村名	瓜果类	西瓜	甜瓜	其他农作物	花卉	苗木
合计	480	400	80	663	10	653
出头岭	0			30		30
西代甲庄	146	105	41	30		30
东店子	39	35	4	10		10
东小李庄	40	35	5	10		10
孟各庄	27	22	5	400		400
朱官屯	100	100		0		
东陈各庄	80	60	20	20		20
五清庄	0			7		7
中峪	0			3		3
东官屯	3	3		2		2
大安平	0			4		4
三屯	0			12	10	2
官场	0			2		2

续表

村名	瓜果类	西瓜	甜瓜	其他农作物	花卉	苗木
小汪庄	0			2		2
大汪庄	0			10		10
西梁各庄	0			3		3
大稻地	5		5	0		
东刘庄	0			6		6
擂鼓台	0			2		2
小稻地	0			90		90
夏立庄	40	40		0		
王新房	0			20		20

附录表4—3 2005—2012年出头岭镇鲜果果树数量变化情况

单位：株

年份	苹果	梨	葡萄	柿子	桃	杏	山楂
2005	70130	73552	179900	2510	11400	600	11060
2006	70130	73552	179900	2510	11400	600	11060
2007	70130	107652	179900	2510	11400	600	11060
2008	70130	107652	179900	2510	11400	600	11060
2009	70130	107652	179900	2510	11400	600	11060
2010	70130	57000	10000	1300	12000	1700	11060
2011	86615	58633	10000	1300	12000	1700	11060
2012	86500	32700	10000	1300	12000	1700	4800

附录二 鱼源浩水产养殖场主要规章制度

水产养殖档案管理制度

建立档案管理制度,并将每年养殖管理、人员培训、池塘改造、设施购置、产品销售等情况记录建档,做到情况真实、数据翔实、资料完整、有据可查。

池塘养殖安全管理措施

1. 池塘养殖用水必须符合国家水产养殖用水标准。

2. 养殖用水产种苗必须经过检疫并达到合格标准。

3. 严格执行国家饲料卫生标准,使用的饲料原料、成品饲料和添加剂,不变质、不发霉、不受污染、不含促成长激素。

4. 坚持"以防为主、防重于治、防治结合"的原则,使用高效、低毒、无残留的渔药,并严格按照产品标签说明的要求用药。严禁使用过期、失效的渔药,严禁使用未经取得生产许可证、批准文号、生产执行标准的渔药,严禁使用国家禁用药品。

5. 严格执行无公害食品渔用药物使用准则,对上市出售的成鱼,做到不到休药期坚决不上市。

水产品质量
安全管理制度

1. 生产所用苗种全部采用正规苗种生产厂家，入池前实行严格，达不到质量要求的不准投放。

2. 每周对池塘水质情况进行一次检测，根据情况，随时调节水质，达到渔业用水水质标准。

3. 本着"以防为主，防治结合"的原则，重点抓好病害的预防，保障养殖的鱼类长期处于健康状态。

4. 推广应用生物制剂预防鱼病，严禁使用禁用渔药。

5. 使用化学制剂严格执行休药期。

无公害水产品
养殖技术操作规程

1. 养殖池塘水质应符合淡水无公害养殖用水标准。

2. 养殖池塘水源要充足、无污染且注排水方便。

3. 增氧设施齐备，并能够正确使用增氧设施。

4. 投放原（良）种场生产的鱼种并经过检疫。

5. 池塘肥水应采用发酵的有机肥，并掺入1%—2%的生石灰消毒处理，施用量根据需要调整。

6. 投喂正宗厂家生产的优质饲料。自制饲料应做到原料不变质、不发霉并不受污染，不掺加禁用的促鱼类生长激素。

7. 坚持巡塘，并做好天气、水温、饲料投喂、水质化验、水质调控、药物使用、肥料使用等记录。

8. 做好病害防治，严格执行无公害水产品养殖药规定。

9. 坚持休药期规定，不得随意上市进行销售。

渔用药使用规则

1. 有关渔用药的使用：应严格遵循国家和有关部门的相关规定，严禁使用未经取得许可证、批准号与没有生产执行标准的渔药。

2. 严禁使用的药物：严禁使用高毒、高残留或者具有三致毒性（致癌、致畸、致突变）的渔药。严禁使用孔雀石绿、磺胺噻唑、磺胺脒唑、呋喃唑酮、呋喃西林、呋喃那斯、红霉素、氯霉素、五氯酚钠、硝酸亚汞、醋酸汞、甘汞、滴滴涕、毒杀芬、六六六、林丹、呋喃丹、杀虫脒、双甲脒等,以及在饲料中添加的乙烯雌酚和甲级睾丸酮。

3. 渔药休药期:漂白粉休药期 5 天以上;三氯异氰尿酸、二氧化氯休药期各为 10 天以上;土霉素、磺胺甲恶唑(新诺明、新明磺)休药期各为 30 天以上,恶喹酸休药期 25 天以上;磺胺间甲氧嘧啶(制菌磺、磺胺-6-甲氧嘧啶)休药期 37 天以上;氟苯尼考休药期 7 天以上。

第五章

居民生活与社会发展

第一节 人民生活与社会保障

一 居民收入及其变化

近年来,全镇居民收入逐渐提高,生活质量大幅度改善。2012年全镇总收入达到110267万元,纯收入39894万元,人均纯收入12656元。从各村情况看,36个村的村总收入平均为3063万元。其中,景各庄村最高,全村总收入8954万元;五清庄村最低,全村总收入只有377万元,仅相当于景各庄村的4%,是平均水平的12%。36个村的村纯收入平均为1108万元。其中,大稻地村全村纯收入在36个村中最高,达到2670万元;小安平村最低,全村纯收入只有103万元,相当于大稻地村的3.86%,是平均水平的9.3%。总收入与纯收入的差异说明各村的经济质量具有较大差异。其中,小赵各庄质量最低,总收入5925万元,纯收入只有200万元,纯收入占总收入的3.38%;出头岭村质量最高,总收入2434万元,纯收入达到2202万元,纯收入占总收入比重超过90%;全镇平均水平为纯收入占总收入比重为36.18%,超过平均水平的村子20个,低于平均水平的村子16个。从人均纯收入看,36个村中低于平均水平的村子有22个,超过平均水平的村子有14个。其中，人均纯收入最低的村子是东小李庄，人均纯收入12335元；人均纯收入最高的村子是南河村，人均纯收入12818元。

表5—1　　　　　　出头岭镇36村收入情况

单位：元

村名	总收入	纯收入	人均纯收入	村名	总收入	纯收入	人均纯收入
出头岭	2434	2202	12723	大稻地	6607	2670	12800
西代甲庄	2013	1328	12617	李家仓	5284	1051	12451
东店子	2753	1914	12657	东刘庄	908	570	12433
东小李庄	448	368	12335	擂鼓台	5445	1620	12777
孟各庄	1440	1045	12512	小稻地	3146	1957	12815
朱官屯	6780	2285	12693	夏立庄	2178	1149	12636
东陈各庄	1495	1158	12525	何家堡	2299	808	12379
五清庄	377	320	12574	景各庄	8954	468	12403
中峪	1466	838	12681	小赵各庄	5925	200	12419
东官屯	604	530	12527	大赵各庄	1706	781	12430
小安平	452	103	12529	裴各庄	3155	575	12427
大安平	1646	845	12670	王新房	777	323	12582
三屯	1936	1234	12508	田新庄	7031	2402	12788
官场	1997	1345	12655	闻马庄	4974	1355	12684
小汪庄	4961	1848	12544	南河	6304	2247	12818
东李各庄	2057	680	12611	孟官屯	2592	719	12792
大汪庄	2541	722	12554	北汪家庄	1628	758	12707
西梁各庄	4840	1336	12813	北擂鼓台	1114	140	12583

从变化情况来看，总收入在2005年到2012年间（除2008年比较特殊）经历了先下降后上升的"U"形变化过程。2005年总收入87546万元，到2007年下降到70091万元，2008年受金融危机国家出台大规模刺激政策的影响，当年总收入达到150909万元，之后大幅下降到2009年的74052万元，之后逐渐上升到2012年的

110267万元，比2005年只增长了25.95%。总收入的变化，并没有妨碍纯收入逐渐上升的节奏。2005年，全镇纯收入21098万元；到2012年全镇纯收入增长到39894万元，增长了89%。总收入的先降后升与纯收入的逐渐上升总体上该镇经济质量不断改善的结果。如图5—1所示，纯收入占总收入比重，除了2008年大幅度下降外，基本上呈现逐渐改善的变化过程，只是近两年又有恶化的趋势，但与2005年相比依然提高了50%以上。

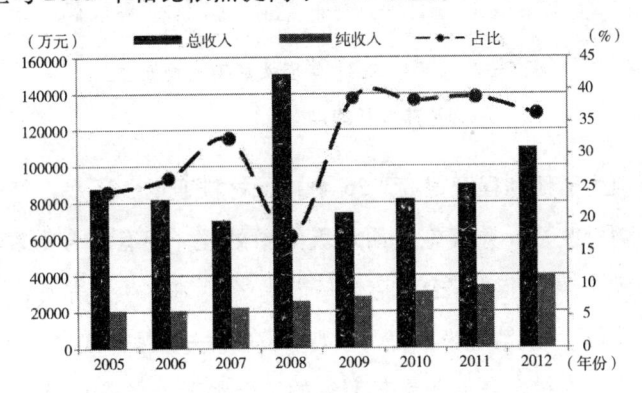

图5—1 2005—2012年出头岭镇收入变化

经济质量的改善直接的结果是居民收入从2004年开始呈现出较快速度的增长（如图5—2），2004年全镇人均纯收入只有5165元；到2012年全镇人均纯收入达到12656元，是2004年的2.32倍。从人均纯收入增长率看，2005年增长率最高，比2004年增长了15%，之后虽然有所下降但依旧保持在10%以上，且2011年以后增长速度再度回升，到2012年接近2005年水平。

二　居民生活质量

农村经济的发展在提高居民收入的同时，不断改善人民生活质量，基本生活便利程度已经处于较高的水平，此外，现代信息工具也基本普及，极大拉近了城乡生活状态。

1. 基本生活

出头岭镇虽然地处远郊，距离天津市区和北京市区在100公里

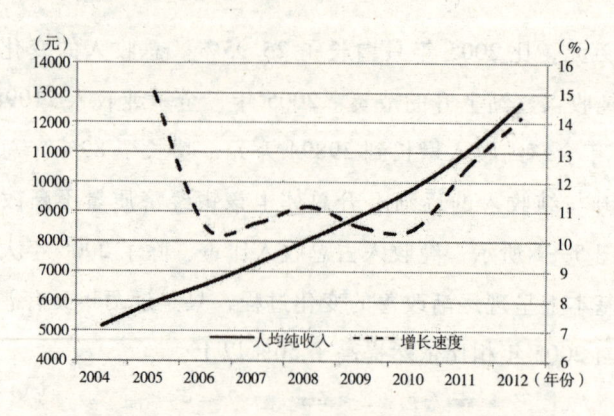

图 5—2　2004—2012 年出头岭镇人均纯收入
及其增长速度

左右，但生活便利程度很高。36 个村，村村通电、通水，每个村都完成了厕所改造，并实施生活垃圾集中处理。拥有综合批发市场 5 个，50 平方米以上的综合商店或超市 37 个，基本生活非常便利。如表 5—2 所示，该镇自来水普及率自 2009 年一直保持在 95% 的水平，远高于全国农村自来水普及率 72% 的平均水平，与 2012 年全国城市自来水普及率 97% 的水平基本相当。生活用燃气普及率达从 2009 年的 80%，提高到 2012 年的 83%，仅低于全国城市燃气普及率 10 个百分点，远高于全国农村的平均水平（该指标还没有在农村统计中表现出来）。有线电视入户率为 85%，而上海农村有线电视入户率在 2008 年年底只有 64%，北京市 2010 年有线电视入户率也只有 90% 的水平，全国有线电视入户率在 2011 年不足 50%。由此可见，出头岭镇有线电视入户率已经达到很高水平，基本上与城市相当，远高于全国平均水平，更高于农村的平均水平。此外，从彩色电视普及率来看，该镇每百户拥有彩电 94 台，低于全国 116.9 台的水平。不仅彩色电视拥有量低于全国水平，该镇人均住房面积也比较低，只有 22 平方米，远低于全国农村 37.1 平方米的平均水平。自来水普及率、生活用燃气普及率、有线电视入户率的高水平，与彩色电视普及率以及人均住房面积低水平形成了明显的差异。究其原因在于前者基本上属于公共服务的组成部分，主要取决于镇、县政府的财政水平以及服务意识；而后者主要由农户自身出资，因此主要取决于农民收入，而且长期的生活习惯也非常重要。从现实情况看，该镇形成的生活俭朴的习惯，与强化投资生产的现实使得该镇居民在消费上偏低。所以出现上述背离就不难理解了。

表5—2　　2009—2012年出头岭镇人民基本生活状况

单位：%、平方米

年份	自来水普及率	生活用燃气普及率	有线电视入户率	人均住房面积
2009	95	80	85	22
2010	95	82	85	22
2011	95	82	85	22
2012	95	83	85	22

2. 生活信息化程度

随着农村经济水平以及农村生活便利程度的提高，农村信息化程度也不断提高。如表5—3所示，2012年，出头岭镇固定电话装机总量达到6978部，每百户拥有66.16部，也就是说近2/3的家庭都装有固定电话。此外，随着移动电话价格的下降，近年来，农村的移动电话普及率持续走高，越来越多农民开始使用手机获取信息。2012年，移动电话拥有数量达到19327部，比2011年增长了14.3%，每百户拥有移动电话183.25部，每户拥有近两部移动电话，远远高于全国农村的平均水平。按照可比口径，2012年全国平均每百人拥有移动电话82.5部，而同期出头岭镇达到每百人拥有移动电话55.71部。除了通信设备外，出头岭镇计算机等设备拥有量近年来也大幅度提升，其中2011年比2010年增长了18.66%，2012年比2011年则增长了62.61%，达到1696台，基本上每6户家庭就有1台计算机。计算机的快速普及得益于网络的快速发展，如表5—3所示，互联网上网用户增长速度比计算机普及速度更快，2011年互联网上网用户比2010年增长了22.54%；2012年更是比2011年将近翻了一番，达到99.86%。而网络的发展则为出头岭镇经济发展作出了巨大贡献，早在2002年出头岭镇就有农民通过在网络发布信息出售蘑菇，招揽了国内外的客户，取得了良好的经济效果。此外，该镇还建设有网站一个。

表5—3　　2010—2012出头岭镇人民生活信息化情况

单位：部、台、户、个

年份	固定电话装机数量	移动电话拥有量	计算机拥有量	互联网上网用户	拥有网站（主页）数量
2010	6345	15587	879	590	0
2011	6382	16911	1043	723	0
2012	6978	19327	1696	1445	1

三　社会保障发展情况

经济社会的快速发展为农村社会保障事业的发展奠定了基础，新型农村合作医疗保险、新型农村社会养老保险以及居民最低生活保障实现了全镇36个村的全覆盖，此外，帮扶工作成果显著。目前，该镇新农合发展最快，参合人数最多；新农保还处于起步阶段，享受最低生活保障的人数也在不断增加。

1. 新型农村合作医疗保险发展情况

自2007年开展新农合以来，出头岭镇积极宣传、组织、引导、支持农民自愿参加新型农村合作医疗保险，取得了较为显著的效果。据统计，全镇34690人中，参加了新农合的人数为27518人，占总人口的79.33%，占应完成参合人数的97%以上。在全镇36个村中，参合率达到100%的村有2个，分别是孟官屯和北擂鼓台村；全村参合率在90%—99.99%之间的村有11个，由低到高分别是大赵各庄、裴各庄、小安平、小稻地、大汪庄、中峪、东李各庄、景各庄、东刘庄、西代甲庄和何家堡；在80%—89.99%之间的村子有4个，分别是五清庄、东官屯、小汪庄和孟各庄；在70%—79.99%之间的村子有14个村；其余5个村都在70%以下，其中田新庄村只有53.64%的人参加了新农合。田新庄村参合人数之所以较低，主要是该村村民享受其他形式的医疗保险。新农合的覆盖极大减轻了农民医疗负担。根据规定：乡级定点医疗机构起付线为100元，补偿比为80%；县级定点医疗机构起付线为300元，补偿比为65%；市级定点医疗机构起付线为600元，补偿比为50%；省级定点医疗机构起付线为600元，补偿比为40%；县外非定点医疗机构起付线为800元，补偿比为30%。住院分娩按每例补偿300元，对病理性产科的住院分娩按住院补偿标准进行补偿。住院补偿封顶线为4万元，以年内实际获得补偿金额累计计算。同时，实行住院最低补偿，参合农民住院医疗费用达到起付线后，在乡级医院住院的最低补偿不少于30元，在县级及县外医院住院的最低补偿不少于100元，参合农民1年内多次住院，只能享受1次最低补偿待遇。

表5—4　　　　2012年出头岭镇各村参加社会保障人员数量

单位：人

村名	新农合	新农保	最低保障	村名	新农合	新农保	最低保障
出头岭	1396	85	65	大稻地	1764	66	50
西代甲庄	1250	50	26	李家仓	418	45	15
东店子	1271	30	70	东刘庄	530	17	3
东小李庄	258	20	5	擂鼓台	858	169	35
孟各庄	830	40	12	小稻地	1616	45	38
朱官屯	1320	56	20	夏立庄	780	100	8
东陈各庄	758	25	70	何家堡	730	35	20
五清庄	243	16	30	景各庄	436	12	4
中峪	700	20	26	小赵各庄	206	13	15
东官屯	385	30	34	大赵各庄	605	15	20
小安平	392	20	7	裴各庄	460	43	9
大安平	532	22	22	王新房	225	20	8
三屯	777	17	10	田新庄	1046	43	30
官场	705	40	14	闻马庄	910	65	20
小汪庄	1400	130	7	南河	1451	36	41
东李各庄	585	35	30	孟官屯	658	10	14
大汪庄	638	20	12	北汪家庄	400	20	17
西梁各庄	820	20	32	北擂鼓台	165	6	4

2. 新型农村社会养老保险：天津市城乡居民基本养老保险发展情况

除了新农合快速发展外，新型农村社会养老保险也有所发展，需要指出的是这里的新农保实际上是天津市城乡居民基本养老保险，而不仅仅是全国而言的新型农村社会养老保险，这里统称"新农保"。2012 年，36 个村中每个村子都有人参加新农保，但与新农合相比，参加新农保的人数还很低。全镇只有 4.14% 的人参加了新农保，绝大多数都没有参加。就各村情况而言，只有 11 个村参保比例超过该村人口的 5%，其中夏立庄和擂鼓台两村超过 10%，分别为 10.14% 和 11.94%；其余 25 个村均在 5% 以下，而孟官屯最低，只有 1.52%，全村 658 人中只有 10 人参加了新农保。参加新农保的人数之所以低主要有以下三个原因。其一，时间短。自 2009 年 9 月国务院下发《关于开展新型农村社会养老保险试点的指导意见》，开始推广农村养老保险新模式，天津市政府根据自身经济社会发展情况制定了《天津市城乡居民基本养老保障规定》，到 2012 年只有 3 年时间，各项工作还处于起步阶段，所以参保人员相对较少。其二，养老观念尚需转变。"养儿防老"的传统观念在农村特别是偏远农村根深蒂固，社会养老观念还没有树立起来，因此，短期内改变传统观念难度较大。其三，总体来看缴纳水平较高，而相对收益较低，即使不缴纳依然可以获得政府的基础养老金，因此，城乡居民基本养老保险对农民吸引力较小。所谓"新农保"是相对于以前各地开展的以农民自我储蓄模式交费参农村养老保险而言，其新就新在采取个人缴费、集体补助和政府补贴三者相结合的模式。根据天津市规定，参加天津新农保（天津基本养老保险）的人员是指在本市 10 年以上且有户籍，具体包括：18—60 岁，从事农林牧渔等劳动或不在任何经济组织和非经济组织从业的农村居民；45—60 岁，不在任何经济组织和非经济组织从业或自谋职业，从未参加社会基本养老保险的城镇居民；以及 18—60 岁，从未参加社会基本养老保险的重度残疾人。缴费比例按照上年农村居民人均纯收入的 10%—30% 水平收取，缴费年限累计不低于 15 年，15 年以后可继续缴费，另外，可以补缴或一次性缴足；政府补贴由市、区县财政补贴基础养老金每年 150 元。60 岁以后开始按月领取，领取的养老金由两部分组成：个人账户养老金和基础养老金。其中，个人账户养老金 = 个人账户总金额 ÷ 139 个月，基础养老金 = 150 元 + 4 × （缴费年限 - 15）。按照天津市 2009 年推广城乡基本养老保险（天津的新农保）每年缴纳金额在 970—2910 元不等（2008 年天津农村居民人均纯收入为 9700 元），15 年共缴纳 14550—43650 元，按月可领取金额为 255—464 元，每年领取 3060—5568 元。而全国新农保个人每年缴费分为 100 元、200 元、300 元、400 元和 500 元 5 个等级，缴费年限也是 15 年（距退休年龄不足 15 年的可小于 15 年）。由此可见，天津市的新农保（城乡基本养老保险）虽然远远高于全国水平，但实际上的收益却不大，特别是即使不参加也可以获得。

3. 最低生活保障与重点帮扶工作

对于农村丧失劳动能力者或家庭生活困难者以及孤寡老人等，出头岭镇大力开展调查并积极为这些贫困居民办理居民最低生活保障。到 2012 年年底，享受居民最低生活保障的人数为 843 人，占全镇总人口的 2.43%，比 2011 年增加了 90 人。就各村而言，东店子和东陈各庄享受居民最低生活保障的居民最多，为 70 人，另外，大稻地和出头岭两村享受最低生活保障的居民也较多，分别为 50 人和 65 人。其余各村享受最低生活保障的人员情况是，9 个村在 10 人以下；8 个村在 10 人到 17 人不等；7 个村为 20 人到 26 人不等；7 个村在 30 人到 38 人不等；1 个村（南河）为 41 人。从享受最低生活保障居民占全村人数比重看，五清庄最高，超过 10%（30 人）的居民享受最低生活保障；其次是东官屯，为 7.57%（34 人），东陈各庄排在第三位，为 6.90%（70 人）。其余各村，高于全镇平均水平的村还有 13 个村；另外 20 个村低于 2.43% 的平均水平。

除社会保障，天津市自2013年对困难村进行结对帮扶工作，即市级机关、市属企事业236个帮扶单位，组织1026名优秀干部组成342个工作组对10个农业区县的500个困难村开展结对帮扶工作。而各区县机关、所属事业单位710各部门抽调1810名干部，组成706个工作组对844个村进行帮扶。为了促进帮扶工作顺利开展，出头岭镇政府在各派出单位与驻村帮扶工作组的积极协调配合下，拓宽渠道，多措并举，使帮扶工作取得了丰硕成果。具体包括：

滨海建投集团驻村帮扶工作组积极与出头岭镇政府及对口三个村的"两委"班子和相关人员进行沟通协调，通过召开相关工作会议，实地勘察测量等一系列工作，开展计划并实施的北擂鼓台村村委会和健身广场建设工程，五清庄山路硬化工程，东陈各庄机井房建设工程和村路硬化工程的前期准备工作，同时，工作组继续走访农户，深入开展调研工作并按照县农工委要求编制各村农业情况基本报告，为后续帮扶工作的顺利进行打下坚实基础。

二轻集团驻东店子工作组就下一阶段的工作制订了初步方案，并分类细化调查。第一，针对壮大集体经济，实现自主，自立发展研定了可持续发展项目——防暴工具"钛合金工具"前期工序产品的加工；第二，针对村民关注的"文化广场"事项拟定了基本方案；第三，针对改变村容村貌确定了改造项目；第四，针对引进项目进行了比较分析；第五，依托天津津工超市集团营销网络推进东店子村蘑菇产业合作社建设，进而辐射全镇。

天津师范大学驻东官屯与朱官屯工作组围绕帮扶村的农业基本情况开展调研工作。工作组与朱官屯、东官屯两村委分别召开了关于帮扶村农业发展的专门会议，并通过入户走访、实地察看等形式摸底调查，综合分析，提出了两个帮扶村未来农业发展的设想，并形成文字材料。驻裴各庄村工作组在之前调研基础上，进一步了解情况，一是专访了村干部焦会计，了解了村民的收入、土地分配、鱼塘承包、村委会的工作运转等情况；二是与10余位村民就合作医疗、家庭收入、村内排水、多年来的村民生活状况、宅基地建设等民生问题展开座谈；三是向村民介绍了此次的帮扶背景和工作任务等情况，听取村民的想法、意见以及对本村发展的设想；四是就"飞村"的发展方向提出了建议。

天津开发区管委会驻孟各庄、东小李庄工作组在村中调研时对照镇政府提供的驻帮扶村的平面图，结合直观经验和宏观认识开展调研。先后到两个村调研7次，撰写调研报告4篇，收集了两村村民电话等联系方式。驻中峪村工作组召开了"两委"班子和村内骨干座谈会，对村里的硬件设施建设、产业布局情况、清洁乡村建设、主导产业发展、生产设施配套情况等各项工作进行分析和讨论。在入户走访中，重点对村里食用菌种植的重点农户的食用菌大棚、菌棒制作以及食用菌种植的条件进行调查走访，并对村内食用菌种植和果蔬种植等主导产业发展状况进行调研并形成调研材料。

到2013年年底，滨海建投集团投资30多万元，在五清庄修建了一条长740米、宽4米的上山路，该路命名为裕民路，该路的建成为群众上山进行种植业活动提供了方便的同时，也为山上新建的采摘园开发旅游观光打下了坚实基础。投资45万元在陈各庄村新建深井房一个，完成村内里巷8条街道硬化指标，修葺水泥路1000米。天津经济技术开发区管委会投资3万元在孟各庄村建机井房1个；投资3万元在小李庄把村委会办公场所整修一新；投资9万元为中峪村提供办公桌椅等设备，将中峪村的电力系统进行了改造升级。

第二节 社会发展情况

经济发展与居民收入提高促进了各项社会事业的发展，科技、教育、医疗与文化等事业在出头岭镇也有较大发展，在提高生活质量的同时，也为经济社会发展提供了良好的服务。

一 科技、教育

1. 科技发展

出头岭镇科技事业主要围绕其产业发展,一方面是第二产业;另一方面是第一产业。总的来看,随着产业成熟程度的不断提高,经营熟练程度不断加强,所谓的科技事业实际上主要围绕着日常生产经营活动展开,因此,总体上看相应的人员相对比较稳定。如表5—5 所示,从 2009 年到 2012 年专业技术人员一直维持在 50 人以上,且有下降趋势。2009 年专业技术人员为 56 人,到 2012 年专业技术人员仅剩下 51 人,减少了 5 人。除了产业逐渐成熟以外,出头岭镇往往采取与大学等科研院所合作的方式进行,而不是长期雇用专业技术人员。如与南开大学生物科学学院阮维斌教授合作开展的"以虫治虫"种植无公害韭菜,就是以项目形式开展的临时性合作。通过项目合作的好处是可以把最先进的技术引入农业生产,且节省了大量的成本。从专业技术人员的结构看,乡镇企业的中高级技术人员比重要高于农业技术人员,受过高等教育的专业技术人员要高于受过中等教育的专业技术人员。需要指出的是,近年来农业专业合作经济组织成为提供专业技术的重要载体,这些组织除了提供生产、销售等帮助,而且提供专业的技术指导,从而大大提高了农民生产的科学性与专业性。2012 年,这类专门提供技术指导的农业专业合作经济组织有 14 个,涉及成员 17 户,带动了农业发展。

表 5—5   2009—2012 年出头岭镇专业技术人员组成

单位:人

人员组成＼年份	2009	2010	2011	2012
专业技术人员合计	56	56	54	51
乡镇企业中高级技术人员	34	34	32	30
中高级农业技术人员	22	22	22	21
受过高等教育	47	47	45	43
受过中等教育	9	9	9	8

2. 教育发展

出头岭镇重视教育发展，田新庄村更是远近闻名的教师村，目前该镇有学校8所，校舍建筑面积17951平方米，其中，小学6所；中学2所；另有幼儿园、托儿所共17所。2012年，该镇教师总数267人，其中，小学专任教师总数122人，中学专任教师145人；在校学生总数3397人，包括小学生2125人，中学生1272人（其中高中生494人），均为本镇生源。从变化情况看，该镇教育发展总体稳定。近年来，幼儿园、托儿所数量不断增加，从2009年的14所增加到2012年的17所。中小学发展比较稳定。其中，教师数量总体上呈现不断下降的趋势，这与该镇一部分教师已经进入退休年龄，而新教师还未到岗有关。从分布看，中学教师数量下降比小学下降快。在校学生总体上也比较稳定，基本在3300人到3400人之间。其中，小学生占60%左右；而中学生占40%左右。从学生与教师对比情况看，该镇总体上低于全国水平，但近年来有逐渐提高的趋势。常用生师比来衡量教育资源情况，一般来讲生师比越低说明教师服务的学生数量越少，教学质量越有保障。根据这一指标，2009年中小学合计的生师比为11.86∶1，也就是说每一个专任教师服务的学生数量不到12人，但到2012年生师比上升到12.72∶1，每位教师服务学生数量增加了1名。虽然总体上生师比控制在较低的水平，但中小学之间还是存在较大差异。其中，小学生师比过高，而中学则又太低。如表5—6所示，2011年小学生师比为18.06∶1，到2012年增加到18.97∶1，也提高了1，而同期全国水平为17.71∶1；天津市整体为13.84∶1。2011年，出头岭镇中学的生师比为8.02∶1，2012年上升到8.77∶1，而同期全国平均水平为14.38∶1；天津市整体水平为10.13∶1。生师比在中小学之间的差异说明出头岭镇教育资源分布不均衡的现实，其中小学教育资源不足，而中学教育资源过剩。产生这种不平衡的原因，与目前教育政策有关。目前，我国实行九年制义务教育，小学阶段必须入学，而到了中学学生数量则有所下降，高中则进一步下降。从

2011年和2012年的数据看,出头岭镇只有60%左右小学生升级为中学生。另外,还有一部分学生通过小升初以及中考进入了县级或市级的重点学校,从而也降低了中学的生源数量。从目前的情况看,接下来出头岭镇应该向小学投入更多的教育资源,以提升小学的教学质量。

表5—6　　　　2009—2012年出头岭镇教育发展情况

	2009	2010	2011	2012
幼儿园、托儿所数量（所）	14	12	15	17
学校总数（所）	8	8	8	8
小学校数量	6	6	6	6
普通中学数	2	2	2	2
校舍建筑面积（平方米）	17951	17951	17951	17951
教师总数（人）	281	270	269	267
小学专任教师数量	—	—	114	112
普通中学专任教师数量	—	—	155	145
在校学生总数（人）	3332	3332	3302	3397
小学生在校学生数量	—	—	2059	2125
普通中学在校学生数量	—	—	1243	1272
高中生在校数量	—	—	622	494
生师比	11.86∶1	12.34∶1	12.28∶1	12.72∶1
小学生师比	—	—	18.06∶1	18.97∶1
中学生师比	—	—	8.02∶1	8.77∶1

3. 各学校概况

出头岭镇南河完全小学是一所村办小学,1980年建校招生。学校占地1万余平方米;1992年集资7万余元全面翻新,并逐步配备了图书室、仪器室、器材室和计算机房。目前,该校有学生200多名,7个教学班。学校现有教职工13名,其中小学高级教师10名,一级教师3名;大学毕业教师1名,大专毕业教师9名,中师毕业教师3名。自1989年以来，学校各项工作均已达到规定标准，入学率、巩固率、普及率连年达到100%，毕业率连续保持在98%以上，少先大队几年被评为市、县级先进少先大队。不仅如此，该校教师还结合自身教学经验撰写科研论文，其中4篇获市级优秀论文；32篇被评为县级优秀论文，县级优秀课6节。此外，该校还积极探索发展素质教育，与驻军开展军民共建、基地教育和第二课堂等活动，取得了良好效果。

龙泉中心小学坐落在小汪庄村北部，占地面积13.6亩，有教职工23人，100%达到国家要求的学历标准，现有10个教学班，312名学生。学校拥有电教室、语音室、实验室、音美室、图书阅览室、微机室等功能教室；另有图书1300余册，体育器材18种，202件，按规定建设达到"十室两配套"。近年来，学校先后被评为县级优秀家长学校、县级安全学校、办学水平督导评估县二级校、县级法制教育先进校、红旗学校等，学校教师先后撰写县级论文50篇，市级论文3篇，国家级论文1篇；县级优秀课5节。

夏庄中心小学原名下庄小学，1978年因引滦入津工程，夏立庄由河北省遵化县划为天津市蓟县，学校由老下庄迁入新址新下庄。学校始建于1978年5月，属村办小学，坐落于夏立庄东南，东与李家仓村接壤，南与官场村毗邻。学校原有1—5年级5个教学班，教师5人（两人为民办教师）。1998年6月，夏庄小学与三屯、李家仓、官场、何家堡、小汪庄、王新房6个邻近村联合办学，校名也变更为夏庄中心小学。合并后，学校占地面积达到12亩，教学楼占地1400平方米，平房25间，拥有电教室、语音室、劳技室、美术室、图书阅览室、微机室、卫生室等功能教室。学校设有3个学前班，11个教学班，教职员工26人，在校学生500多人。在26名教职工中，有专职音乐教师1名，专职体育教师1名，小学高级教师13名，县级骨干教师1名，镇级骨干教师7名，市劳动模范、县劳动模范各1名。有3名教师为县做示范课、观摩课，并设有先进的教研组。2002年，学校被评为县级督导评估二级学校，县优秀家长学校，镇教研改革先进单位等。

小稻地中心校建成于1981年，由小稻地老村（库区）搬迁到现址。该校坐落于小稻地村东北角，占地10亩，先后投资30多万元，建筑面积760平方米。该校由小稻地、刘庄、南擂鼓台和大稻地4村联办，生源和资金主要来自这4个村，资金按照各村在校生人数比重与各村人口比例投入。学校现有12个教学班，在校生300多人，教职工22名，小学高级教师16名，一级教师6名，其中大专毕业生占32%，且大部分是中年或中年以上的教师，教学经验丰富。2004年学校投资5万元建成微机房、其他实验器械也配备齐全，达到农村中心小学标准。该校教学质量高，是全镇教学质量先进校，学生优秀率达到80%。学校教师每年都有10余篇论文获县级以上论文奖，在教师基本功大赛上获奖；2004年有16名学生获得学科竞赛县级三等奖，5人信息技术竞赛奖，同时学校还被评为县级安全学校，学校安全工作先进集体等。

醒目希望小学，始建于1999年，由原来的西代甲庄中心小学、出头岭中心小学、朱官屯中心小学以及7所普通小学合并而成。学校先后投入112万元，其中，镇政府出资80万元；天津津美饮料有限公司投资20万元用于住教学楼建设；学校职工集资12万元用于水泥路面和院墙的建设。目前，学校占地18.82亩，建筑面积1891平方米，拥有微机教室（电脑32台），大屏幕背投1幅，幻灯机7台，电视机3台，VCD、DVD、功放机各1台。学校有教职工42人，22个教学班，668名学生。2000年以来，学校获得国家级奖牌1枚；市级奖牌2枚；县级奖牌12枚。此外，曾获全国模范希望小学称号1次；各类市级称号或奖项7次；县级称号或奖项13次。

景兴春蕾中学原名王官屯中学，2001年更名为景兴春蕾中学，是蓟县唯一一所以烈士名字命名的希望中学，是蓟县关工委老促会直接帮扶的重点学校，也是蓟县教研室直接进行教学指导的定点校，被蓟县教育局确定发展为蓟县东部的窗口校。学校新址建成于1996年，占地25亩，其中教学楼建筑面积2370平方米，另有平房建筑面积 250 平方米。学校设有与教学配套的理、化、生实验室及图书阅览、音乐、美术、体育、劳技、电教以及会议等专用教室。目前，学校生源辐射附近 10 个自然村，在校生 500 多人，有 14 个教学班，43 名教职工。

官场中学始建于 1978 年，占地面积 22 亩，建筑面积 2231 平方米。1994 年实施九年制义务教育后，由龙泉寺中学、三屯中学三校合并为官场乡初级中学，并新建教学楼一栋，建筑面积 2241 平方米，学校总面积达到 4472 平方米。2001 年撤乡并镇，学校更名为"出头岭镇初级中学"。学校现有 107 名教师，其中市级优秀教师 3 人；县级优秀教师 8 人；县级三育人先进个人 4 人；县级优秀德育工作者 7 人；县级优秀班主任 4 人；县级优秀政治课教师 3 名。另有市级优秀课 1 节，县级公开课 4 节；市级优秀论文 25 篇，县级优秀论文 75 篇。在校生 1300 多名，31 个教学班，历届毕业生总数 7860 多人。该校学生先后获得县级以上奖项 187 项，其中 2004 年曾获得奥林匹克物理、数学竞赛国家级二等奖。学校教学设备齐全，现有功能教室 10 个，包括信息技术室 2 个，理、化、生实验室各 1 个，电教室、图书阅览室、体育室、卫生室、音乐室、美术室和劳技室。投影仪 30 台，电教资料、信息技术软件完备，并建成校园网，供师生随时查阅资料，便于教学。学校教学质量逐年进步，2000 年以后进入全县前 10 名；2003 年以后进入全县前 5 名。

二 医疗卫生

出头岭镇医疗卫生情况发展较为迅速，特别是近两年各村开始建设卫生室。目前，该镇有医院一所——出头岭医院。该医院位于出头岭镇镇东，建于 1982 年，占地面积 13330 平方米，建筑面积 2800 平方米。设有内科、外科、妇科 3 个综合临床科室和放射、超声检查、化验 3 个辅助检查科室，以及药剂科、手术室、护理部、防疫科、财务科、办公室等机构。2008 年医院共有职工 68

人，其中执业医师32人；助理医师1人；注册护士8人；药剂人员3人；检验人员2人；其他专业技术人员10人；管理人员7人；工勤人员5人。开设病床40张，配备有500MA、200MA、50MAX光机、进口彩超、B超、心电监护仪、血流变仪、半自动生化仪、电子牵引床、自动洗胃机、微波治疗仪等检查治疗设备。近年来，医院逐渐扩大，医院医生人数不断增加。2009年，执业医师人数增加到69人，比2008年翻了一番还多，之后基本稳定在60人以上；到2012年有所下降，下降为57人。

实际上，近年来为了能够实实在在解决农民看病难、看病贵的问题，除了组织农民参加新农村合作医疗保险以外，为了便利农民看病，天津市在广大农村进行了卫生室建设。目前出头岭镇卫生室发展较快，2011年25个村设有卫生室26个，有行医证书的医生50人，到2012年31个村设有卫生室31个，占该镇36个村的86%，有行医证书的医生增加到52人。卫生室的建设，便利农民看病，一般常见病基本在本村之内都可以解决。此外，农民对于疫苗接种也有了更多的了解，适龄儿童接种疫苗人数虽有所波动，但接种率在100%以上（有外来人口也在本镇接种）。相关数据，见表5—7。

表5—7　　　　2009—2012年出头岭镇医疗卫生发展情况

	2009年	2010年	2011年	2012年
医院、卫生院数量（所）	1	1	1	1
执业（助理）医师（人）	69	65	69	57
医院卫生院床位数（张）	53	40	40	53
适龄儿童疫苗接种人数（人）	6000	6080	3800	4463
卫生室数量（个）	—	—	26	31
有行医证书的医生（人）	—	—	50	52

三　文化建设

文化建设在出头岭镇也有所发展，目前该镇有图书馆一所，藏书10万余册。此外，该镇重视农家书屋活动，在县委县政府的大力支持下，该镇投资100多万元，创建各类农家书屋10个，购书70000余册。为了加强书屋管理，使书屋切实有效服务于民，制定了农家书屋管理办法和书屋借阅制度。农家书屋的藏书主要是农业科技、种植、养殖等内容，为农民科学生产提供了资料，在农民增收致富、构建和谐社会中发挥了重要作用。2011年，该镇村民梁玉霞在县委宣传部、县文化局举办的"我的书屋，我的家"演讲比赛中获得现场比赛第一名的好成绩。各村还建设了图书室，到2012年36个村都建立了自己的图书室，平均藏书近2900册，极大地丰富了农民生活。为了丰富农民生活，该镇还积极建设体育健身场所，到2012年已在25个村建设体育健身场所25个，农民在作业之余进行体育锻炼，东陈各庄还成立了舞蹈队，定期举办活动，娱乐广大村民。在2012年由蓟县县委宣传部、县新闻中心、县体育局联合举办的"挂月杯"广场舞大赛上，东陈各庄舞蹈队在28支代表队中获得了三等奖。

表5—8 2012年出头岭镇各村图书室与体育健身场所建设情况

村名	图书室	藏书量	健身场所	村名	图书室	藏书量	健身场所
出头岭	1	4000	1	大稻地	1	3200	1
西代甲庄	1	2000	1	李家仓	1	3000	1
东店子	1	2000		东刘庄	1	3000	
东小李庄	1	3000	1	擂鼓台	1	3000	1
孟各庄	1	3000	1	小稻地	1	2000	
朱官屯	1	2000	1	夏立庄	1	3000	1
东陈各庄	1	2000		何家堡	1	3000	
五清庄	1	2000		景各庄	1	3200	
中峪	1	3000	1	小赵各庄	1	3000	
东官屯	1	2000	1	大赵各庄	1	3000	
小安平	1	2000		裴各庄	1	3200	1

续表

村名	图书室	藏书量	健身场所	村名	图书室	藏书量	健身场所
大安平	1	2000	1	王新房	1	3200	1
三屯	1	3200		田新庄	1	3000	1
官场	1	3200	1	闻马庄	1	3200	1
小汪庄	1	4000	1	南河	1	4000	1
东李各庄	1	3000		孟官屯	1	3200	1
大汪庄	1	3200		北汪家庄	1	3000	1
西梁各庄	1	3000	1	北擂鼓台	1	3000	

值得一提的是，2012年该镇田新庄村村民自发组织成立了第一家农民书画院——龙凤山书画院。该书画院占地面积3000平方米，建筑面积450平方米，拥有书画室、展览室、教学室共8间办公用房，设施设备完善、风景独特、环境优美，自建院以来受到社会各界的广泛赞誉。该院组织机构由县文化艺术界知名人士及相关方面主要领导担任，院指导教师来自于市县著名书画专家，师资力量雄厚，院藏名人名作多幅，供人观赏。周六、周日交流学习。自书画院成立以来，举办笔会5次，邀请著名书画家王峰、向忠林等并留下创作作品，由书画院收藏。除了不定期举办笔会外，书画院还在每周的周六为本村孩子聘请老师免费开办书法、绘画课程班，目前书法班有40多人，绘画班30多人。自从书画院成立以来，本村有相关爱好的村民在工作之余常来书画院一展身手，丰富了他们的业余生活，使村子里的风气大为改观。书画院的成立，特别是书画班的开办极大地激发了本镇其他村的孩子对于书法、绘画的兴趣，纷纷向书画院问询能否让孩子来学习书画。应其要求，书画院正筹划向申请的外村学员收取少量费用，满足其学习需求。此外，随着藏品的增加，书画院还筹划举办书画展，通过出售一部分作品以筹措书画院日常运转以及进一步发展所需的资金。

出头岭镇科技、教育与文化的发展不仅丰富了本镇居民的业余

图 5—3　龙凤山书画院收藏的书画作品

生活，更有效地培养了相关人才，带动了本镇经济的转型与发展。相信，随着经济进一步转型与社会快速发展，该镇的科技、教育与文化的社会事业将进一步发展。特别是随着旅游业的发展，该镇独特的文化将被发掘出来并进一步繁荣。

第三节　基础设施建设情况

受财政限制，出头岭镇基础设施建设发展并不快，但总体上能够满足本镇居民生产、生活需要。本节内容涉及三部分，其一是基本生活基础设施建设；其二是农田水利设施建设；其三是该镇能源消耗情况。

一　生活基础设施

目前，出头岭镇各村之间均有水泥路或柏油公路，其中通水泥路的村有27个，通柏油路的村有6个，另外3个村为沙石路。全镇公路总里程达到118公里，镇政府到县政府距离30公里，有公交车站1个，满足本镇居民去蓟县县城的需要。需要指出的是，自2009年以来，该镇公路里程就未发生过大的变化，一直是118公里。这就意味着，基本生活所需的公路建设到目前为止已经能够满足需要，下一步的基础设施建设需要向服务生产方向转变。除了公路以外，出头岭镇 36 个村，村村通电、通水，每个村都完成了厕所改造，36 个村全部实行垃圾集中处理，2012 年 36 个村共有垃圾集中处理点 46 个。另外，为了便利本镇居民夜间外出，2011 年、2012 年该镇大力进行路灯建设，2009 年和 2010 年的路灯总数为 1260 盏，到 2011 年增加到 1532 盏，2012 年进一步增加到 1710 盏，比 2010 年增加了 35.7%。

从目前情况看，无论是设施农业、养殖业还是将来发展旅游业，都需要有较好的基础设施，特别是道路建设。因此，基础设施建设由服务生活向服务生产转变是该镇经济发展必须解决的问题。然而，该镇的实际情况是道路等基础设施建设仅满足基本生活需要，而且就该镇自身的财政状况不足以支撑道路等基础设施建设，依赖上级政府的支持就是唯一的办法。依赖县政府或市政府财政拨款完成基础设施建设，从报告起草到审批，再到开工建设的周期较长，影响生产活动的进行。为了尽快满足生产需要，出头岭镇开展了与相关生产单位合作建设道路等基础设施的尝试。已经取得较好效果的是由淋平公路通向于桥水库围埝以北水产养殖基地道路建设。该段路的建设实行委托修建的方式，即镇政府将公路的规划、筹资以及兴建、工程监管等委托给水产养殖基地的养殖户来完成，镇政府则负责工程的总体规划、预算以及后期的审计，最后向上级政府申请资金补偿建设工程款。项目建设初期，镇政府仅投资几十万元，其余资金主要由天津市蓟县鱼源浩水产养殖场垫资，而从开工到建成先后实际投入资金 800 万元，全部由鱼源浩水产养殖场筹集。道路建成后，镇政府积极向上级政府申请资金，目前已经解决部分资金，并对相关垫资单位进行补偿。公路建成后，极大便利养殖户的发展，特别是相关车辆可以顺利进入养殖基地，方便了水产的捕捞作业以及物流运输。

这种委托兴建基础设施的模式有几点好处。其一，项目有的放矢，规划合理，避免了基础设施重复建设。生产服务性质的基础设施与生活服务不同，专业性较强，其规划必须与相关生产单位进行沟通，而生产单位作为基础设施的直接需求者，最了解其需求方向和内容，因此，由其进行项目建设可以避免基础设施的重复建设，避免资源浪费。其二，工程与审批同时进行，缩短了项目从审批到建设的总周期，加快了经济发展。一般来讲，政府基础设施建设从规划、审批、立项、拨款，再到施工建设，最后验收，周期非常长，不能适应生产需要。而委托兴建基础设施的方式使项目申请和项目施工同时进行，大大缩短了项目周期，更好更快地服务了生产需要，提高了养殖场和项目效益。其三，简化了政府职能，降低了投资成本，有效实现了政府职能转变。委托兴建基础设施的方式简化了镇政府直接操持项目的工作，同时更好地了解养殖户的需要，实现了镇政府由管理型向服务型政府转变。不仅如此，项目由养殖户兴建有效降低了投资成本。之所以能够降低投资，一方面是规划合理，总体上降低了项目投资；另一方面是镇政府在验收过程中，只对建成的道路部分付款，而对路肩以及路两边夯实的地基部分不付款，而这部分对于道路养护等作用很大。此外，项目使用的资金由养殖户筹集也降低了政府筹资的融资成本。其四，有效调动了民间资本参与基础设施建设。由此可见，委托兴建的方式实际上带有合资兴建的性质。也就是说，在项目建设过程中，政府只承担了项目的大部分资金，而不是全部资金，同时还节约了大量资本。但必须说明，委托兴建也有条件。其一，项目必须是经济发展所急需的，这是前提条件，否则就会按照项目程序进行。其二，委托人与代理人之间有较为稳定的关系，相互比较信任。从调研过程中看，政府近年来发展本镇经济的举措得到了居民的广泛认可与支持，养殖户愿意帮助政府，同时也是帮助自己完成基础设施建设。其三，有足够的财力，如果养殖户没有大规模资金支持也是不能完成项目建设的，鱼源浩养殖场强大的资金支持是项目得以使用委托兴建的基础。其四，合理分担成本与项目监管、验收等为项目顺利进行提供了保障。项目进行与完成后的监理和验收以及付款等一套完备、公开的制度保证了项目的公开透明，有效避免了暗箱操作等腐败产生的温床。

图 5—4　课题组向鱼源浩水产养殖场负责人了解水产养殖基地公路建设情况

二　生产基础设施：农田水利设施

1. 基本情况

由于第一产业一直以来是出头岭镇主要产业，因此，其服务生产的基础设施主要是农田水利设施。目前，出头岭镇农田水利设施主要分为机井、各种管道、水利设施和防渗渠四类。其中，机井又根据深度划分为深井和中浅井两种类型；管道根据材质分为塑料管道和铁质管道两种类型；水利设施分为桥、闸和涵三种类型；防渗渠没有更具体分类。如表 5—10 所示，2012 年，出头岭镇深、中浅井合计 891 眼，其中深井 36 眼，占总数的 4%，主要用于居民饮水，中浅井 855 眼，占总数的 96%，主要用于农业、养殖业以及工业的生产用水；各类管道 107554 米，其中塑料管道 92210 米，占管道总长度的 86%，铁质管道 15344 米，占管道总长度的 14%；水利设施 374 座，其中桥梁 110 座，占总数的 29%，水闸 5 座，仅占总数的 1% 略多，最多的涵有 259 座，占总数的 69%。水利设施在各村的分布情况表现出不均衡的特点，这与各村的种植结构有关。其中，机井分布比较均匀，但各村多少有所差异，深井 36 眼，平均每村一眼，但东店子村等 5 个村子没有深井；中浅井在 36 个村中都有，但差异较大，超过 50 眼的有 4 个村子，最多的东店子村有中浅机井 61 眼，而 10 眼以下的村子也有 7 个，最少的五清庄村只有中浅机井 3 眼。管道分布在小稻地等 26 个村，其中，大安平村管道长度最长达到 9100 米，包括 6100 米的塑料管道和 3000 米的铁管道；王新房村最短，只有塑料管道 200 米；其余各村管道长度从 500 米到 7768 米不等。在塑料管中，小稻地村最长铺设塑料管达到 7000 米；王新房村最短，只有塑料管道 200 米；其余各村管道长度从 500 米到 6560 米不等。有铁管的村子远小于塑料管，只有 12 个村，铺设长度也不如塑料管。其中，大安平和中峪村铺设长度最长达到 3000 米；三屯村最短只有 168 米；其余 10 个村小稻地村最长铺设长度从 456 米到 2400 米不等。桥梁分布在 27 个村共 110 座。其中，9 个村有桥梁 5 座（含 5 座）以上，最多的东店子村达到 16 座；最少的三屯等 7 个村有桥梁 1 座。水闸较少，只有 5 座，分布在朱官屯、孟官屯、小稻地和南摇鼓台 4 个村，其中朱官屯 2 座，其余三村各 1 座。涵洞分布也较广，有 31 个村 259 座，其中 20 座以上的村子 5 个；小汪庄村最多，有 42 座；东李各庄等 6 个村为 1 座；其余 20 个村则分布着 2—17 座不等，共 101 座。防渗渠的分布在何家堡等 8 个村，较为集中，其中仅大汪庄村就有防渗渠 960 米，占总长度的 20%，其余各村均在 400 米以上（详见表 5—9）。

表 5—9　　　　　2012 年出头岭镇农田水利设施情况

村名	机井（眼）			管道（米）			水利设施（座）			防渗渠
	合计	深	中浅	合计	塑管	铁管	桥	闸	涵	
合计	891	36	855	107554	92210	15344	110	5	259	4820
出头岭	35	3	32	7768	6100	1668	6	—	4	
西代甲庄	53	1	52	5500	5500	—	8	—	8	
东店子	61	—	61	4500	4500		16			
东小李庄	15	1	14	3000	3000		3		3	
孟各庄	33	1	32	4200	4200		9		1	

续表

村名	机井（眼）			管道（米）			水利设施（座）			防渗渠
	合计	深	中浅	合计	塑管	铁管	桥	闸	涵	
朱官屯	39	1	38	—	—	—	6	2	6	
陈各庄	39	1	38	2800	2800	—	5	—	4	
五清庄	4	1	3	2200	700	1500	2	—	6	
中峪	9	1	8	6300	3300	3000	7	—	2	
东官屯	7	1	6	1800	1200	600	4	—	2	—
小安平	6	1	5	3600	1200	2400	2	—	—	630
大安平	13	1	12	9100	6100	3000	—			
三屯	15	1	14	5968	5800	168	1	—	17	—
官场	34	1	33	5216	4760	456	3	—	30	
小汪庄	58	1	57	5000	5000	—	3	—	42	
东李各庄	12	1	11	4500	4500	—	1	—	1	—
大汪庄	13	1	12	2000	2000	—	1	—	6	960
西梁各庄	33	1	32	4800	4800	—	2	—	30	630
大稻地	52	1	51	7304	6560	744	8	—	3	—
李家仓	15	—	15	2600	2600	—	1	—	—	—
东刘庄	16	—	16	3200	3200	—	2	—	—	—
南擂鼓台	40	1	39	6194	5690	504	4	1	2	—
小稻地	42	1	41	7000	7000	—	6	1	11	
夏立庄	25	1	24	—	—	—	—	—	1	400
何家堡	24	1	23	—	—	—	1	—	3	700
景各庄	22	1	21	—	—	—	—	—	7	
小赵各庄	9	—	9	—	—	—	—	—	2	

续表

村名	机井（眼）			管道（米）			水利设施（座）			防渗渠
	合计	深	中浅	合计	塑管	铁管	桥	闸	涵	
大赵各庄	21	—	21	—	—	—	—	—	2	600
裴各庄	18	1	17	—	—	—	—	—	1	400
王新房	19	1	18	200	200	—	2	—	1	—
田新庄	29	1	28	—	—	—	—	—	30	500
闻马庄	26	1	25	—	—	—	—	—	20	—
南河	22	3	19	1304	500	804	3	—	1	—
孟官屯	9	1	8	—	—	—	1	1	3	—
北汪家庄	18	2	16	1000	500	500	3	—	4	—
北擂鼓台	5	1	4	500	500	—	—	—	6	—

2. 发展历程

从变化情况看，水利设施中，桥梁、水闸、涵洞以及防渗渠变化很小或没有变化。其中，桥梁在2007年以后仅增加了1座，由原来的109座上升到当前的110座；水闸不但没有增加反而在2008年减少了1座，由原来的6座减少到现在的5座；涵洞和防渗渠没有变化，自2006年以后就一直是259座和4820米。水利设施中发生变化且变化较大的是机井和管道铺设长度（见图5—5）。其中，机井由2006年的854座增加到2012年的891座，增加了37座。增加的37座机井中，深井19座，占51%，比2006年深井数还多2座；中浅井18座，占49%，仅为2006年中浅井数量的2%。管道铺设总长度增加了67701米，是2006年管道总长度的1.7倍。其中，塑料管增加了63102米，占增设总长度的93%，比2006年塑料管道总长度增长了220%；铁管铺设长度增加了4599米，占增设总长度的6%，比2006年铁管总长度增长了42.6%。对比农田水利建设的变化，可以发现，直接服务生产或生活的水利设施增长速度较快,而其他水利设施发展较慢。

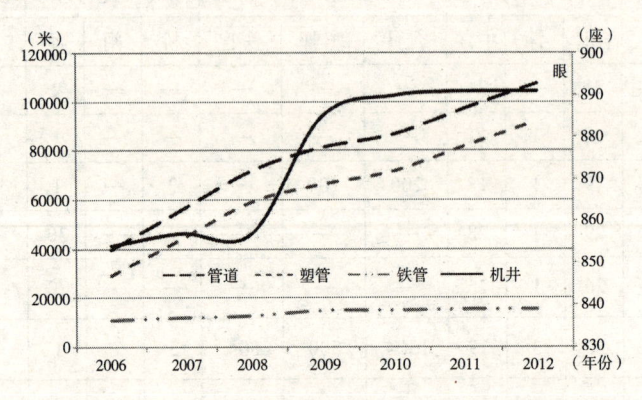

图5—5 2006—2012年出头岭镇水利设施变化情况

第六章

基层政府运转情况

第一节 基层政府结构及其变化趋势

一 镇政府情况

1. 镇政府人员结构

2012年，出头岭镇全镇依靠财政供养的人员共88人，其中领导17人，占总人数的19.32%，占公务员人数的50%。如表6—1所示，全镇共有公务员34人，占财政供养总人数的38.64%；事业编制人员46人，占总人数的52.24%；其他人员8人，占总人数的9.09%。镇本级政府工资总额534万元，人均月工资5057元。

表6—1 2010—2012年出头岭镇机构人员情况

单位：人、万元

年份	合计	公务员	事业编制人员	其他人员	工资总额
2010	87	32	23	32	433
2011	87	30	34	23	471
2012	88	34	46	8	534

从近三年的情况看，出头岭镇公务员数量较为稳定，一直在30人左右，占总人数比重为35%左右；事业编制人员大幅度上升，从2010年的23人上升到2012年的46人，人员数量翻了一番，占总人数比重也由26.44%上升到52.27%；其他人员数量大幅度缩减，从2010年的32人下降到2012年的8人，减少了75%，占总人数比重由2010年的36.78%下降到2012年的9.09%。与人员结构发生变化相一致的是，镇本级工作人员的工资总额逐年增长，2010年为433万元，人均月工资4178元；到2012年，镇本级工作人员工资总额增长到534万元，人均月工资5057元，分别比2010年增长了23.33%和21.92%。正式编制人员数量的上升与镇本级工作人员工资总额与人均月工资数量变化是一致的，这就意味着镇本级政府支出，特别是工资支出的常态化。之所以会有更多的人员成为正式编制人员，与近年来公务员以及事业单位编制人员工作稳定，且收入不断上升密切相关。

2. 镇政府结构

尽管镇本级工作人员数量基本稳定，但公职人员数量在不断增大，主要是因为公务员制度改革，大量原来雇佣的临时性工作人员通过公务员考试转为正式编制工作人员，这也与全国范围内公务员热的总体现实相一致。然而，全国范围内公务员热除了上述工作稳定、收入增长预期较大以外，更重要的是目前愈演愈烈的权力寻租现象的普遍化。与此不同，基层政府一般工作人员并不存在权力寻租空间，而他们的实际工作环境也非常艰苦，工作量非常大。如图6—1所示，对于大多数基层政府而言，并没有网络上流传的东部地区基层政府高大、雄伟的办公大楼，出头岭镇政府就是6排平房，镇领导办公室以及镇政府各部门基本都在这6排平房内办公。

此外，作为一级政府机构，镇政府的工作内容与县、市以及省等地方政府的工作是一致的，既要抓住经济发展这一工作的主体，同时还要兼顾社会稳定与发展。不仅如此，还要进行基层民主试点等工作，这些工作对于基层政府而言难度是比较大的。镇政府领导的结构和分工情况可以充分反映基层政府的工作内容和工作难度。

图6—1　出头岭镇政府办公地

专栏一：出头岭镇领导结构与分工情况

镇党委书记：负责党委、政府全面工作。

党委副书记、镇长：负责政府全面工作，兼任财经办公室主任，主管财政工作。

人大主席：负责人大工作，监督、检查、考核司法和行政执法工作，分管科技工作。

党委副书记、纪检书记：主抓党务、党群工作，负责机关正规化建设，主持纪检委工作。兼任党政办公室主任，分管办公室、组织、宣传、团委、妇联、武装部。

党委委员、政府副镇长，兼任企业管理服务中心主任：主抓第二、三产业的规划、发展和安全生产以及劳动保障工作，负责招商引资、合同和村公章管理，分管企经委、劳动保障中心。

党委副书记：主抓政府和信访工作，兼任综合治理办公室、村镇建设办公室主任，分管综治办、信访办、教管办、司法所、派出所、土地所、环卫所，联系运管站和道班。

党委副书记、派出所所长：协助党委副书记抓政府和涉法涉诉的信访工作，全面负责派出所工作。

副镇长：协作镇党委书记抓财经办公室工作，侧重农经站（含土地流转中心、银证合作办公室）、统计办工作，调研、规划、推动镇旅游业的发展。

副镇长，兼任社会事务管理服务中心主任：主抓计划生育、文化、教育、卫生、体育等社会事业的规划、发展，分管计生办、文化站、中心校、卫生院、广播电视、远程教育卫星接收站、民政（含敬老院）、残联，联系擂鼓台中学。

副镇长，兼任农业管理服务中心主任：主抓第一产业的规划、发展，分管农科站、林业站、水利站、电管站、兽医站，协助人大主任抓科技工作。

副镇长，兼任企业管理服务中心副主任：协助副镇长抓第二产业规划、发展，全面负责官场衬衣有限公司工作，兼任董事长。

党委委员、武装部长，兼任党政办公室副主任：协助纪检书记抓机关正规化建设和办公室工作，全面负责武装部工作。

党委委员、纪委副书记：负责纪检、监察日常工作。

党委委员、组织干部，兼任党政办公室副主任：负责党的组织工作。

党委委员、宣传干部：负责党的宣传和精神文明建设，以及镇信息网站工作。

党委委员、工会主席：协助副镇长抓成人和社区教育工作，全面负责工会工作。

党委委员、秘书：协助纪检书记抓机关正规化建设，全面负责办公室工作。

从上述分工看，出头岭镇政府主要领导负责的内容是比较多的，基本上都是身兼数职，分管若干个领域，而其下辖的办公室等机构人员就更少了。如镇统计办公室只有正式编制1人，承担着大量报表的工作。由此可见，随着事务性工作进一步增加，乡镇机构还有可能进一步增加的趋势。

3. 政务公开情况

为了更好地推进政务公开，出头岭镇成立了镇务公开小组和政务公开监督小组。其中，政务公开小组的职责包括：一、在镇党委领导下，坚持组织协调齐抓共管的工作原则；二、认真学习党的路线、方针、政策，宣传实行政务公开民主监督的重大意义，提高群众参政议政的积极性；三、抓好政务公开落实，严格公开内容；四、严格政务公开程序，公开前经党政联席会议通过，公开后听取监督小组意见建议；五、通过召开不同层次的代表座谈会，认真听取意见和建议，公开后听取监督小组意见建议；六、设立举报电话和举报箱，把政务公开和村务公开有机结合。

政府公开监督小组的职责是：一、在政府公开领导小组的领导下，认真学习有关廉政建设和党的方针、政策，掌握政务工作的有关规定和内容，提高自身素质和参政水平；二、注意收集党员群众对政务工作的反映意见；三、政务公开监督小组每季度活动一次，并向政务公开领导小组反馈情况；四、及时审计政务公开内容，监督政府重大决策，为出头岭镇经济发展社会稳定作出努力和贡献。

专栏二：政务公开小组构成

出头岭镇政务公开领导小组

组　长：吴依军（镇长）

副组长：马振奎（镇党委副书记）

成　员：王忠连（人大主任）　姚占武（纪委副书记）　张建凤（副镇长）　卜庆生（财政所所长）　李东（土地所）　蔡国（计生办主任）　梁悦（民政助理）

出头岭镇政务公开监督小组

组　长：王忠连（人大主席）

副组长：姚占武（纪委副书记）

成　员：张建凤（副镇长）　孙宏伟（党委秘书）　周丽娟（妇联主任）

二　各村村务情况

2012 年出头岭镇 36 个村共有村干部 199 人，工资总额 131.85 万元，人均月工资 552 元，后勤人员 77 人，工资总额 28.5 万元，人均月工资 213 元。36 个村共举行村民代表会 213 次，平均每个村 6 次（实际为 5.91 次）。具体来看，村干部工资总额最高的是大稻地村，工资总额 7.2 万元；最低的是三屯村，工资总额只有 16520 元，其余各村从 21600 元到 57000 元不等。工资总额的多少取决于两个因素，其一是村干部人数；其二是工资水平。出头岭镇各村村干部数量最少的村子 3 人，最多的村子 8 人。经过计算，该镇各村村干部人均工资最高的是何家堡，人均月工资为 833 元，田新庄最低，人均月工资只有 433 元，其余各村村干部人均月工资从 450—750 元不等。除了村干部以外，各村后勤人员数量也不相同，五清庄等 5 个村没有后勤人员，其余 31 个村后勤人员最少的是田新庄等 10 个村子。后勤人员数为 1 人；东陈各庄等 8 个村后勤人员为 2 人；大汪庄村等 6 个村子后勤人员 3 人；南擂鼓台等 3 个村子后勤人员 4 人；夏立庄等 3 个村子后勤人员 5 人；后勤人员最多的是出头岭村，人数为 6 人，仅比村干部少 1 人。除了人数普遍少于村干部以外，后勤人员的工资也少于村干部。除了没有后勤人员的 5 个村子外，后勤工资总额最高的是出头岭村，为 35000 元；最低的是大赵各庄村，工资总额只有 600 元。就后勤人员的平均工资而言，最高的是大稻地村，人均月工资为 528 元；最低的是大赵各庄村，只有 50 元。需要指出的是与村干部为全职人员不同，后勤人员往往为临时人员，因此，无论是数量还是工资都远低于村干部，具体如表 6—2 所示。

表6—2　　2012年出头岭镇36村村干部情况

单位：人、元

村名	村干部人数	工资	后勤人员人数	工资	村民代表会	村名	村干部人数	工资	后勤人员人数	工资	村民代表会
出头岭	7	40440	6	35000	5	大稻地	8	72000	3	19000	8
西代甲庄	6	40000	1	6000	8	李家仓	5	41200	3	6000	8
东店子	6	45000	1	2600	5	东刘庄	5	38000	1	1000	5
东小李庄	5	27600	1	2500	3	擂鼓台	5	28080	4	19340	4
孟各庄	6	43000	5	18000	6	小稻地	7	47880	2	8000	7
朱官屯	8	57000	1	2000	6	夏立庄	5	37000	5	16000	4
东陈各庄	5	30000	2	12000	5	何家堡	6	60000	1	2000	4
五清庄	6	36000	—	—	8	景各庄	5	36150	3	9830	5
中峪	6	38000	—	—	4	小赵各庄	5	30000	2	9000	6
东官屯	4	21600	1	3000	4	大赵各庄	6	32400	1	600	6
小安平	5	38000	—	—	2	裴各庄	5	39000	3	4000	5
大安平	6	38000	2	7000	4	王新房	5	30000	2	5000	6
三屯	3	16520	1	2000	5	田新庄	7	36400	1	3000	10
官场	4	32000	3	18000	5	闻马庄	5	31600	2	3000	11
小汪庄	5	30830	2	8000	2	南河	6	37500	4	11000	12
东李各庄	5	36000	—	—	6	孟官屯	5	41000	2	9100	8
大汪庄	5	31000	3	8000	10	北汪家庄	6	37000	5	22000	8
西梁各庄	6	48200	4	13000	5	北擂鼓台	4	32100	—	—	3

从近年来的变化趋势看,村干部以及村后勤人员数量基本呈现逐年增加的趋势。2006 年,出头岭镇共有村干部 158 人,到 2012 年村干部总人数增长到 199 人,增加了 41 人,增长了近 26%;平均每个村村干部由 2006 年的 4.39 人增加到 2012 年的 5.53 人,每个村增加了 1 人。该镇后勤人员在 2006 年只有 66 人,到 2012 年增加到 77 人,增加了 11 人。村干部和后勤人员合计在 7 年间增加了 52 人,每年增加近 7.5 人。伴随村干部和后勤人员数量一同增加的是村干部工资总额和后勤人员工资总额与人均工资水平。2006 年村干部工资总额为 678816 元;到 2012 年工资总额增长到 1318500 元,比 2006 年增加了 639684 元,增长 94.24%。村干部工资水平在 2006 年为平均每月 358 元,到 2012 年增加到 552 元,增长了 54.22%。2006 年,后勤人员工资总额 135106 元,人均月工资 171 元,到 2012 年后勤工资总额增长到 284970 元,人均月工资增长到 308 元,分别增长了 111% 和 80%,详见表 6—3。

表 6—3　　2006—2012 年出头岭镇村干部、后勤人员变化情况

单位:人、元

年份	村干部人数	村干部工资 总额	村干部工资 人均月工资	后勤人员人数	村后勤人员工资 总额	村后勤人员工资 人均月工资
2006	158	678816	358	66	135106	171
2007	166	989203	496	62	187485	252
2008	182	1090245	499	71	224970	264
2010	190	1136378	498	71	223472	262
2011	188	1133558	502	68	228674	280
2012	199	1318500	552	77	284970	308

与全国水平相比,出头岭镇要远高于全国的财政供养人员与人口比例的关系。2012 年年底全国财政供养人员与全国人口比例为 1∶23.5,即 23.5 个人供养一个公职人员(依赖财政发工资的人员)。如果单独计算镇本级公务人员(见表 6—4),该镇这一比例

关系为1：394，即394个人供养1个公职人员，远远高于全国水平。即使按照严格的财政供养人口径计算将教师和医疗人员纳入计算，财政供养人比例大幅下降，2012年这一比例下降到1：84，也还是远远高于全国水平。在进一步，即使将村级公务人员计算在内，按照最宽的口径出头岭镇财政供养人员与全镇人口比例为1：50，也是全国水平的两倍。由此可见，所谓的我国财政供养人员众多的现实是主要集中在县级以上的行政单位。但需要指出的是，财政供养人数量有缓慢上升的趋势，2010年412人供养一名镇本级公务人员，而到2012年减少到394人，镇级公务人员与医疗教育人员合计计算的比例关系较为稳定，但与村级公务人员合计计算后也由52人降低到50人供养一个公务人员。由此可见，随着事务增加，财政供养人员的数量也在逐渐增加。

表6—4　出头岭镇村镇两级公务人员与全镇人口对比情况

单位：人

年份	镇级公务人员	医生教师	村级公务人员	全镇人数	镇级公务人员与全镇人口比例关系	前两项合计	三项合计
2010	87	335	261	35809	1：412	1：85	1：52
2011	87	338	256	35890	1：413	1：84	1：53
2012	88	324	276	34690	1：394	1：84	1：50

第二节　财政、金融状况

一　财政收支状况

出头岭镇财政一直处于平衡状态，其财政收入来源包括上级财政拨款、本级税收收入、镇集体企业红利三项。从变化过程看，该镇财政收入总体上呈上升趋势，且近两年快速增长，但伴随着小幅波动。其中，预算内收入稳定上升，也呈现快速增长的态势；乡镇本级财政收入波动较大。如表6—5所示，2009年财政收入1275万元；2012年增加到1809万元，增长了41.88%，年均增长17.93%，其中2011年最高达到1914万元，是2009年的1.5倍，但2010年和2012年实际上分别比2009年和2011年下降了12.71%和5.49%。比财政收入波动更大的是乡镇本级财政收入，2009年乡镇本级财政收入100万元，到2012年下降到77万元，下降了23%，从2009—2012年，年均增长率 -7.35%。与乡镇本级财政收入和财政总收入不同，预算内收入呈现稳定上升的态势，2009年预算内收入887万元，到2012年增长到1732万元，比2009年增长95.26%，从2009—2012年，年均增长速度达到29.37%。从结构看，预算内财政收入占财政收入比重也呈现逐年提高的趋势。2009年，预算内收入占财政收入的69.57%，以2010年作为分界点，预算内收入占财政收入比重超过90%，之后逐年小幅上升，到2012年预算内收入占财政收入的比重提高到98.74%，上升超过26个百分点。由于该镇属于收支平衡镇，因此，财政支出的变化趋势与财政收入变化趋势完全一致。其中，农业支出波动较大。2009年农业支出占比总体上也呈现逐年上升的趋势，其中农业支出也总体上呈现增长趋势。2009年，农业支出占财政支出的22.59%，到2012年增长到28.19%，比2009年上升了近6个百分点，占比最高的是2011年，农业支出占财政支出总额48%。

表6—4　　　　2009—2012年出头岭镇财政收支状况

单位：万元、%

	2009年	2010年	2011年	2012年
财政收入	1275	1113	1914	1809
预算内收入	887	1025	1816	1732
乡镇级财政收入	100	88	98	77
预算内收入占比	69.57	92.09	94.88	95.74
财政支出	1275	1113	1914	1809
农业支出	288	288	921	510
农业支出占比	22.59	25.88	48.12	28.19

二 金融状况

由于经济发展较为稳定，且以第一产业为核心，因此，出头岭镇金融业发展总体上比较稳定，但特点也较为突出，即该镇自有的金融资源基本都用于本镇建设。如表6—5所示，2009年该镇年末存款余额15950万元，到2012年上升到16520万元，增加了570万元，比2009年仅提高3.57%，年均增长率为1.18%，远低于同期该镇22.75%的经济年均增长率。这就意味着大量利润并没有沉淀到银行，而是更多地投入生产经营环节中去了。其中，在年末存款余额中居民储蓄存款一直占着重要地位，2009年到2012年一直在72%左右。2009年居民储蓄存款余额11650万元，到2012年增长到12035万元，增加了385万元，是2009年的3.3%，年均增长率只有1.09%，也远远低于同期该镇人均纯收入12.39%的增长速度。这进一步说明该镇资金大量用于生产经营而不是储蓄。贷款的变化也证明了上述判断，2009年贷款余额11160万元，到2012年增长到11770万元，增长了5.47%，高于存款余额的增长速度。存贷比与此一致，2009年贷款占存款比重为69.97%，到2012年该指标上升到71.25%。贷款余额的上升是农业贷款的上升，2009年农业贷款8000万元，占贷款余额的71.68%，到2012年增长到8030万元，但其占贷款余额比重下降到68.22%。尽管农业贷款余额绝对值上升了30万元，但其比重却下降了3.46个百分点，这就意味着，贷款余额以及贷款余额占存款余额比重的上升并不是农业贷款规模的上升所引致的结果。因此，可以说近年来贷款的增长主要流向了非农产业。这一点也可以从该镇近两年的投资情况得到佐证。2011年该镇全社会固定资产投资共完成41384万元，其中农、林、牧、渔业投资7800万元，占18.85%；到2012年该镇全社会固定投资共完成53548万元，其中农、林、牧、渔业投资增长到8461万元，分别比2011年增长了29.39%和8.47%，农、林、牧、渔业投资占总投资比重不但没有上升，反而由18.85%下降到15.80%，下降了3.05个百分点。这些都说明一个现象，即出头岭镇在农业稳定发展条件下，加大了非农产业的发展力度，并试图通过非农产业的发展进一步带动农业的发展。

表6—6　　2009—2012年出头岭镇金融存贷款情况

单位：年、万元、%

	2009年	2010年	2011年	2012年
年末存款余额	15950	16270	16350	16520
居民储蓄存款余额	11650	11710	11780	12035
居民储蓄存款余额占比	73.04	71.97	72.05	72.85
年末贷款余额	11160	11710	11750	11770
农业贷款	8000	8020	8050	8030
农业贷款占比	71.68	68.49	68.51	68.22
贷款占存款比重	69.97	71.97	71.87	71.25

三　各村经济状况

2012年出头岭镇36个村集体年末总收入1678万元，年末各村资产总额合计达到6294万元，负债1279万元，净资产为5015万元，平均每村收入46.6万元，年末资产174.83万元，负债35.53万元，净资产139.31万元。然而，根据农业部对全国297个村的定点调查结果，2012年村级固定资产原值平均为575万元[1]，远远高于出头岭镇各村状况。出头岭镇各村资产数量较少，主要与企业经济结构、地理位置等密切相关。出头岭镇以第一产业为主的现实使得村集体不可能有过多的资产，同样负债总体情况也不多，资产质量较好。具体来看，各村状况也不尽相同，如表6—7所示。2012年，年收入最多的是南河村，年收入达到141万元，另外两个超过100万元的村子是田新庄和小稻地，两个村的年收入分别达到126万元和125万

---

[1]　数据转引自裴长洪：《中国公有制经济主体地位的量化估算及其发展趋势》，《中国社会科学》2014年第1期。

元，而东小李庄和孟各庄则只有16万元；其余大部分村子年收入在30万元到66万元之间（共22个村子）；30万元以下的村子9个，算上超过100万元的3个村，70万元以上的村子只有5个。另外，从资产总额看，只有南河村资产总额727万元，高于农业部的调查数据村资产的平均水平，田新庄村与调查结果较为接近，总资产为519万元；其余各个村子中总资产100万元以下的村子11个，总资产在100万元到200万元的村子有14个，200万元到300万元的村子6个，300万以上的村子3个。总负债的情况是，南河村负债最多，负债总额264万元，另外两个负债比较多的村子是小汪庄和夏立庄，负债总额分别为129万元和97万元。负债最少的村子只有1万元，分别是东陈各庄和大汪庄村。其余各村，负债在10万元以下的村子还有5个村，10万元到20万元的村子8个；20万元到30万元的村子6个；20万元到30万元的村子也是6个；其余5个村子在40万元到57万元不等。

表6—7　　2012年出头岭镇36村年末经济状况

单位：万元

村名	年收入	总资产	负债总额	村名	年收入	总资产	负债总额
出头岭	51	193	38	大稻地	51	256	41
西代甲庄	51	253	40	李家仓	20	129	4
东店子	25	115	3	东刘庄	25	107	21
东小李庄	16	46	4	擂鼓台	87	286	57
孟各庄	16	119	27	小稻地	125	390	30
朱官屯	22	135	19	夏立庄	49	186	97
东陈各庄	31	72	1	何家堡	52	100	24
五清庄	30	42	11	景各庄	33	90	16
中峪	39	111	32	小赵各庄	43	58	2
东官屯	39	68	23	大赵各庄	51	48	7

续表

村名	年收入	总资产	负债总额	村名	年收入	总资产	负债总额
小安平	26	65	25	裴各庄	34	126	32
大安平	31	119	32	王新房	46	71	11
三屯	37	118	17	田新庄	126	519	78
官场	53	208	44	闻马庄	39	229	18
小汪庄	37	330	129	南河	141	727	264
东李各庄	20	61	28	孟官屯	74	151	42
大汪庄	66	128	1	北汪家庄	34	301	32
西梁各庄	19	264	15	北擂鼓台	39	73	14

结合资产与负债可以反映各村的资产质量。常用的用于衡量资产质量的指标是资产负债率，一般来讲资产负债率越高，资产质量越差；相反，资产负债率越低，意味着资产质量越高。根据表6—6计算得到的各村资产负债率如图6—2所示，36个村子的平均负债率为20.32%，其中22个村低于平均水平，22个村的平均资产负债率只有13.05%；在10%以下的村子有9个，最低的大汪庄村资产负债率为0.78%。高于平均水平的村子有14个，资产负债率平均值为33.57%，高于这一水平的村子有6个，最高的村子是夏立庄村，其资产负债率达到52.15%。

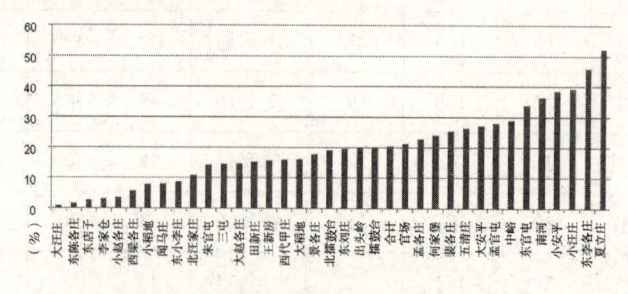

图6—2 出头岭镇各村资产负债率

第三节 规划及其完成情况①

一 "十一五"规划完成情况

"十一五"时期是该镇发展进程中极不平凡的五年。五年间,该镇在县委、县政府和镇党委的正确领导下,在镇人大的监督下,深入贯彻落实科学发展观,按照县委"三年发展计划"和"十个明显变化"的工作要求,紧紧围绕"以科学发展观为指导,努力建设库区强镇"总体目标,一以贯之地坚持"八个毫不动摇"和"五项保障措施",争先进位,加快发展,圆满完成了"十五"规划确定的主要目标和任务,全镇各方面发生了新的历史性变化。

(一)经济发展持续提速、综合实力显著增强

"十一五"期间,全镇经济保持高位运行,平均增速明显高于"十五"时期。特别是 2008 年以后,主要指标增幅在全县位次不断前移,加速赶超跨越的势头逐步显现。2010 年,全镇农村生产总值完成 5.98 亿元,同比"十五"末增长 106%;税收超过千万元大关,达到 0.1021 亿元,同比"十五"末增长 334.5%,镇级财政税入完成 0.0318 亿元,占年计划的 144.6%,同比"十五"末增长 298.5%;工业产值完成 14.7 亿元,同比"十五"末增长 238%;固定资产投资完成 2.7 亿元,同比"十五"末增长 739%;招商引资完成 0.88 亿元,同比"十五"末增长 495.2%;农民人均纯收首次突破万元大关,达到 10100 元,同比"十五"末增长 75%。2010 年,该镇还荣获人民网评选的"辉煌十一五·中国最具特色经济发展潜力镇"荣誉称号。具体来看,三次产业协调发展,不断提高。

---

① 本节内容主要根据该镇"十一五"完成情况报告和"十二五"规划纲要等相关内容整理完成。

1. 第一产业产业化水平明显提高

五年来，该镇在调新、调高传统产业的同时，以设施农业园区化为推进目标，以新品种、新技术为引领，以合作社为依托，稳步推进特色农业园区化进程。形成了绿色韭菜、生姜、食用菌、有机果品、水产、畜禽、苗木、林下金蝉等特色种植、养殖产业集群。设施农业发展迅猛，全镇累计投入8000多万元，新增温室大棚2000亩，蔬菜晾棚1500亩，设施农业总面积达到4000亩。同时，为解决群众自主创业资金短缺问题，充分发挥银证合作平台作用，先后协调村镇银行——哈尔滨银行为全镇760户群众发放小额支农贷款2220万元。仅2010年，该镇种植户就领到设施农业补贴资金486万元。全年农业总产值达到2.24亿元，年均递增16.2%。逐步实现传统农业向园区化、规模化、标准化、生态化的现代高效农业转型发展。

2. 第二产业稳步提升

面对国际金融危机的影响，该镇采取有力措施，帮助企业克服困难，实现全镇工业经济持续稳定地增长。到2010年年底，全镇工业企业共计195家，同比"十五"末增长65家，其中规模以上企业3家，同比"十五"末增长2家；从业人员4303人，同比"十五"末增长1073人。实现工业总产值达14.7亿元，年均增长18%，逐步形成了以服装加工、小机械制造行业为骨干的产业格局。

3. 第三产业蓬勃发展

在西梁各庄和出头岭大街两个商贸小区累计新建临街商贸设施3万平方米，极大地促进了镇区剩余劳动力向第三产业转移。全镇个体工商户达到1200多户，从业人员6500多人。第三产业增加值达到2.3亿元，年均递增17.5%。总投资3300万元的县重点项目出头岭食用菌专业批发市场商住楼主体已完工。

（二）新农村建设稳步推进

"十一五"期间，全镇累计投入2500多万元，修建村内水泥路45公里。投资240万元，修建乡村公路4公里。全镇36个村村内主街硬化率达到100%，村内街道全部硬化率达到60%。累计投资500万元，提前一年完成36个村的饮水安全工程，铺设饮水管道250公里。投资260万元，完成了24个村的文化广场和农家书屋建设，极大地丰富了群众的文化生活。投资200万元，高标准地完成北汪庄、南擂鼓台、西梁各庄、出头岭、东刘庄、小稻地6个生态村建设，建成沼气池600多座。累计投资120万元，新建村级办公场所10个，村级办公场所示范点1个。

（三）镇村环境综合治理实现新突破

2008年成立了市容所，在人力保障上形成长效机制。在主要交通线路上确定了10名保洁员，对邦喜公路、淋平公路、库东路等主要道路和公共点位进行全天候地清扫，主要街道两侧垃圾达到日产日清。粉刷镇村主要街道两侧立面墙体4万平方米，围绕村容村貌整治，村庄垃圾清理，道路两旁绿化等内容，绿化、美化、净化同时进行，累计栽植各类林木20余万株，村庄绿化长度24800米，镇村公共部位绿化总面积达到10.3万平方米。清理各类违章建筑270处5600平方米，全镇环境质量得到明显提升。按照县"三治"工作要求，站在讲政治的高度，下大力气对镇域内非法采砂、堆砂点采取了有效的取缔措施，圆满完成了辖区内的"三治"工作任务。

（四）社会事业全面进步、人民群众得到更多实惠

"十一五"期间，该镇认真落实各项惠民政策，加快完善社会保障体系，扎实推进养老保险、医疗保险和老年人生活补助工作。扶贫解困活动深入开展，红十字、志愿者工作得到加强。五年间，累计发放优抚对象、低保户、弱势群体、特困户等各类优抚款、困难补贴1650万元，通过各种途径累计捐款40多万元。发放老年人补助130多万元。新型农村合作医疗保险投保率达到90%以上。民政基础设施进一步完善。投资20万元，新建400平方米老年日间照料中心，投资17万元，新建300平方米残疾

人救助中心。2010年，该镇被天津市民政局评为"基层救灾、救助规范先进集体"。积极完成第六次人口普查工作，圆满完成全镇99个普查小区、10931户、36233人的数据采集、汇总及上报工作。教育事业得到优先发展，加快推进义务教育阶段现代化达标工程建设，投资450万元，顺利完成两所中学和一所小学现代化达标建设工作。公共卫生资源进一步优化，投资800万元新建的出头岭分院投入使用。人口与计划生育工作步入法制轨道，低生育水平保持稳定。

（五）民主法制建设不断加强、和谐稳定局面更加巩固

坚持科学民主决策，依法行政水平不断提高。深化领导干部经济责任审计，强化审计监督、行政监察，廉政建设扎实有效。"五五"普法工作成效明显。创新社会管理机制，畅通群众诉求渠道，充分发挥信访接待、司法调解作用，社会矛盾得到妥善化解，共调解各类民事纠纷342件，信访总量明显下降。2009年以后，全镇没有发生一起大规模集体访、越级访、进津京上访事件，信访稳定工作得到了县委、县政府的充分肯定。

（六）政府自身建设迈上新台阶

在保持干部队伍稳定的同时，该镇圆满完成整合乡镇内设机构变更管理体制工作。全面推进依法行政，加强政务督查，强化目标管理，建立重点工作责任制和责任追究制，有效推动了工作落实。以开展"解难题、促转变、上水平"为抓手，强化管理创新和服务创新，竭力为企业排忧解难，解决了一批制约企业发展的难题。积极推进政务、厂务、村务公开，广泛接受社会监督。加大制度建设，先后出台了《关于村级工作百分考核和村干部结构工资的实施办法》、《出头岭镇合同管理暂行规定》等6个规范性文件。积极支持团委、妇联、武装、工会等群众组织和部门工作，使其各自发挥职能作用，为推动该镇经济社会发展作出了积极贡献。

尽管"十一五"期间，该镇经济社会快速发展，取得了较大

成就，但与全县发展态势相比，与先进乡镇相比，该镇仍然存在很多差距和不足，主要表现在：农业产业化发展还需加大力度；工业企业效益有待增强；社会主义新农村建设力度还应进一步加大；农村财务管理工作有待进一步加强；镇村环境综合治理还需进一步深入。

二 "十二五"规划

"十二五"期间，该镇经济和社会发展的奋斗目标为：综合经济实力再上新台阶，主要经济指标在全县库区乡镇中处于领先地位。五年内，力争全镇国民生产总值年增长26%，达到18.18亿元；税收年增长20%，达到0.25亿元，镇级财政税入年增长20%，达到0.079亿元；固定资产投资年增长26%，达到7.9亿元；工业产值年增长25.5%，达到38亿元；工业销售收入年增长25%，达到34.5亿元；工业增加值年增长26%，达到10.5亿元；工业利润年增长25%，达到3.5亿元；招商引资增长26%，达到2.3亿元；农民人均纯收入年增长11%，达到1.5万元。

(一) 第一产业

1. 深化农业结构调整

全镇上下紧紧围绕农业增效、农民增收这个主题，坚持因地制宜，调整产业结构，到2015年，食用菌大棚面积达到4000亩、蔬菜晾棚4500亩、有机果品3000亩、精品水产养殖6000亩、绿色韭菜1000亩，林下金蝉养殖1000亩，积极发展特色畜禽养殖业，实现农业设施化、养殖规模化的产业格局。在加快产业结构调整的同时，提高现有产业的经营和管理水平，达到农业增产、农民增收的目的。加大农业技术培训的力度，建立健全农村科技服务网络，引导农民建立多种经济合作组织，提高农民抗风险和适应市场经济的能力。

2. 加快科技兴农步伐

一是要大力提高农业科技创新对农业发展的支撑能力和农业生

产的科技含量，突出抓好农业新产品、新技术、新模式、新机械的运用。加强生物工程治理，减少农药的使用和残存量，确保农业安全。二是加大科技培训力度，对食用菌、蔬菜、林果、水产、畜禽养殖等重点产业进行技术培训。

3. 培育农业龙头企业

加强对市场竞争力强的农业龙头企业建设，争创一批在市场上叫得响、占有率高的农业知名品牌，促进农业增效，农民增收和农村经济繁荣。依托食用菌基地和食用菌专业批发市场的优势，积极引进食用菌深加工企业，提高食用菌产业的附加值。

4. 大力发展循环经济，构建低碳城镇

积极开发和推广资源节约，替代和循环利用技术，推行清洁化生产。大力推进沼气池建设，到 2015 年，实现沼气普及率达到 90%。推广无公害蔬菜检测技术和测土施肥技术，最大限度地减少化肥、农药等化学原料造成的污染。

（二）第二产业

强化工业强镇发展理念，坚持扩总量、提质量、增效益，下大力气狠抓大项目、好项目。到 2015 年，全镇工业企业将达到 440 家，从业人员达到 7000 人，年均递增 10%。

1. 抓好工业园区建设

按照"边建设、边招商"的原则，力争利用 3 年时间，投入 1 亿元完成占地 1177.3 亩的园区基础设施建设，实现"五通一平"，具备企业入驻条件，使之尽快成为镇工业经济的重要增长点。以邦喜公路两侧现有的机械加工制造业为依托，在"十二五"期间，力争使 20 家无污染、具有一定科技含量的机械制造业企业落户园区。到 2015 年，园区实现产值 10 亿元，增加就业 1500 人。

2. 发挥龙头企业的带动作用

天津官场衬衣有限公司要进一步发挥技术优势，侧重"艾丝秀影"品牌新产品的研发，扩大市场占有量，提升品牌知名度。从根本上实现订单加工和品牌发展两条腿走路的格局，从而进一步带动我镇服装加工业的发展。

3. 扩大科技型中小企业群体规模

一是转型升级一批。继续落实完善市、县级资金扶持政策，引导鼓励企业加大技术改造升级力度；强化产学研合作，支持企业引进创新要素，对现有中小企业进行嫁接改造，增加科技含量，促进一批中小企业转变为活力强、发展快的科技型中小企业。二是外部引进一批。把科技型中小企业作为今后五年招商引资的重点，紧密围绕高效、环保，具有一定科技含量的主导产业和新能源新材料等高新技术产业，大力引进一批科技型中小科技型中小企业。

（三）第三产业

到 2015 年，全镇个体工商户总数达到 1800 家，从业人员达到 7000 人，第三产业实现增加值 4.8 亿元。

1. 加大商贸设施建设

"十二五"期间累计投资 6000 万元，以西梁各庄和出头岭两个商贸区为中心，新建商贸设施 3 万平方米。

2. 全力抓好出头岭食用菌专业批发市场的二期工程建设

在一期工程南侧，投资 6000 万元，规划建设占地 80 亩，建筑面积 3.2 万平方米的食用菌批发市场二期工程，力争在 2014 年年底建成使用。建成后，每年可增加食用菌、蔬菜等农产品交易量 4 万吨以上，增加交易额 4 亿元左右，将极大地带动该镇及周边地区食用菌产业的发展。

（四）加强公共事业建设，促进社会全面进步

1. 文化教育体育事业

以改善农民生活环境，提高生活质量为目标，加强农村学校、文体设施、托幼、敬老院等公共服务设施建设，大力发展农村文化体育事业，完成镇文体活动中心建设，繁荣农村文化，丰富农民文化体育活动，完成全镇 36 个行政村文化活动广场和农家书屋建设。深入开展农民健身运动，在全镇范围内开展以健身为主的各类农民健身活动，进一步丰富农民文化教育体育活动，达到全民健身的目的。

2. 卫生事业

加强农村基层卫生队伍建设，提高农村卫生人员专业知识和医疗水平，巩固提高新型合作医疗保险制度，参保率达到95%以上，彻底消除农民家庭"因病致贫"、"因病返贫"现象。

3. 人口与计划生育事业

以计划生育优质服务为重点，引导广大育龄妇女自觉参与计划生育管理，不断完善"依法管理、村民自治、优质服务、政策推动、综合治理"的计划生育工作机制，促进计划生育整体水平提高，为构建和谐社会，创造良好的人口环境。

4. 镇村环境得到明显提升

大力推进镇村环境综合整治工作，建立健全监督检查机制和奖励约束机制，加大镇村两级保洁队伍建设。到2015年，全部完成36个行政村村内街道水泥路硬化工程，镇村主要街道两侧实现美化、亮化。最终实现全镇道路通畅硬化、垃圾处理设施配置、建筑物立面整治出新、绿化覆盖"四个到位"。大力推进生态村建设，力争完成20个，努力打造生态宜居城镇。

（五）大力推进政治文明建设

1. 加强民主法制建设

坚持依法治镇，逐步把经济社会生活全面纳入法制化轨道。坚持依法行政，提高执法水平。抓好普法教育，增强人民群众法律意识。加强廉政建设，完善监督制约机制，坚决纠正部门和行业不正之风，有效防治腐败。

2. 加强政府自身建设

按照"经济调节、市场监管、社会管理、公共服务"的要求，深入推进政企分开、政事分开，切实转变职能。推进政务公开，为社会公众知政、议政、参政、督政提供便利条件，提高决策透明度和公众参与度。加强公务员队伍教育管理，提高机关干部整体素质，树立新时期党员干部的良好形象。